マッカーサーの呪い 永久革命の種

今なおアメリカの罠に
嵌まったままの日本

青柳武彦

General Douglas MacArthur

ハート出版

はじめに

本書は、前著『ルーズベルトは米国民を裏切り日本を戦争に引きずり込んだ』、及び『日本人を精神的武装解除するためにアメリカがねじ曲げた日本の歴史』（いずれもハート出版刊）と併せて、筆者の、〝歴史認識三部作〟を構成するものとして位置付けたい。本書は、その完結編に相当するものだが、単独でも完結するように留意して執筆したので、前の二冊を読んでいないと理解できないというものではない。

筆者は、大学の経済学部を卒業して、すぐに商社（伊藤忠商事）マンになって、船舶チャーター業務、青果物（バナナなど）の開発輸入、食品の営業、コンピューター情報処理業務などを歴任した。伊藤忠における経歴の最後として、NTTとの折半出資合弁会社に出向して社長、会長を務めた。当時は情報システムコンサルタント（ISC）の資格を取得していたので、コンピューターの情報処理技術者に転進しようかと考えていたこともある。

筆者は大本営参謀だった瀬島龍三氏と、身分は違うが伊藤忠の同期入社だった。

瀬島氏は十一年間シベリアに抑留された後、昭和三一（一九五六）年に帰国。伊藤忠兵衛家の姻戚に当たる本郷義夫（元）中将の紹介を得て、伊藤忠の小菅宇一郎社長に乞われ、嘱託として昭和三三（一九五八）年に入社。そしてすぐに航空機部次長に、続いて機械第三部長に飛びつき就任された。

瀬島氏からは「日米間の戦争は他に選択の余地はなかったので、避けることが出来なかった」という話を聞いたことがある。筆者は、愚かにも「この人は未だ反省が足りない」などと思ったものだ。

その後筆者は、ＮＴＴと伊藤忠の合弁会社の社長に就任。同社を退社後、情報社会学の世界的碩学の公文俊平教授の縁を頂いて研究職に大転進をした。国際大学（財界が作った留学生向けの大学院大学）の研究所であるグローバル・コミュニケーション・センター（略称グローコム）において公文俊平所長の御指導の下で、情報社会学、経済学、経営学、財政学、国際政治学その他の社会科学を幅広く研究し、主幹研究員・教授として十一年間、務め上げた。その後も客員教授の肩書を頂いて、平成二八（二〇一六）年まで更に十年間の研究生活を続けた。

本書が刊行された時点で、筆者は八十三歳になった。齢を重ねて、今や終活を考えなければいけないようになった。今後は、国際政治学と安全保障の分野に重点を置いて研究を続けてゆくつもりだ。そして、日本人が誇りを回復して前向きに生きて行けるように少しでも貢献したいと切望している。

そのためには、間違った教育によって日本人が刷り込まれた誤った歴史認識を何としてでも糺して、自虐史観から脱することが必要である。それなくしては、日本人は先の大戦についての誤った罪悪感から解放されることは不可能であると思う。世界の文明史における大きな流れからいうと、日本が行った大東亜戦争は、欧米の白人国家が長期にわたって続けてきたアジア諸国の植民地的収奪を止めさせることになったのだから、大いに誇って良いのだ。

テレビタレントのハリー杉山氏の父君、英国人ジャーナリストのヘンリー・ストークス氏が『大東亜戦争は日本が勝った』（藤田裕行訳　ハート出版　二〇一七年刊行）という本を上梓した。日本は敗けたはずなのに！　しかし、ストークス氏曰く、

「かつて世界地図の約四分の一は大英帝国の領土を現すピンク色に彩られていたが、第二次世界大戦が終わると植民地が次々と独立してピンク色だった世界は様々な色に塗り変えられていた。その『犯人』は日本だった。日本人を軽蔑して憎悪していたチャーチルは、悔しくて悔しくて仕方がなかったはずだ。しかし、それは英国人の歴史認識だ。日本人は日本人独自の歴史認識を、誇りと共に持てばよいのだ」

全く、その通りである。英国人ジャーナリストに、日本人のあり方を教えられてしまった。

筆者は、日本人がいわゆる「何時か来た道」の再来を恐れ蔑んで、萎縮している状態から抜け出して、むしろ堂々と胸を張って世界の平和に積極的かつ主体的に貢献できるようになって欲しいと願っている。そして子や孫の時代の日本が引き続き平和で豊かであり続けて欲しいと

願っている。

テレビで機会ある毎に放映される「召集された学徒の雨中行進」のイメージは、後悔と悲哀の気持ちとに結びつけられている。それは日本人の心の奥深い所にいまだに棲みついている『永久革命の種』の所為《せい》だ。本来ならば、日本は彼らの尊い犠牲のおかげで、アジア諸国を植民地支配から解放せしめるという世界の文明史に残る偉業をやり遂げることができたのだから、このイメージは後悔と悲哀ではなく、誇りと感謝の気持ちに結びつけられるべきなのだ。

前述の筆者の歴史認識三部作における第一冊目の『ルーズベルトは米国民を裏切り日本を戦争に引きずり込んだ』においては、主として日米戦争の発端と第二次世界大戦当時の国際情勢について論じた。日米戦争は、悪者であった日本に米国が正義の鉄槌を下したなどというものでは決してなく、世界平和主義者であったルーズベルト大統領がドイツとの戦いに参加するための口実づくりであった。大東亜戦争に関する認識で、間違っていたのは前述の瀬島龍三氏ではなくて、筆者の方だったのだ。

三部作の二冊目の『日本人を精神的武装解除するためにアメリカがねじ曲げた日本の歴史』においては、筆者の歴史認識論を展開した。そして歴史認識は必然的に多様で相対的であるのだから百の国があれば百の歴史認識があるのが当然であり、決して一致することは有り得ないと主張した。その上で、日本は侵略国家ではないこと、日本は大東亜戦争において欧米の白人国家による植民地収奪に苦しめられてきたアジア諸国の解放と独立の切っ掛けを作るという大仕事をしたことを指摘した。更には日韓関係と日中関係にも言及して大東亜戦争の歴史的意義を論じた。

筆者はこれまで、日本人が自虐史観から脱却して誇りを取り戻すことを希求し、それにいささかでも貢献したいと願って執筆をつづけた。第三冊目の本書においては、何故、日本人は戦後七十余年もの長期間にわたって自虐史観から脱却できないままで来てしまったのかを分析した。

そして、それは『永久革命の種』と、日本側の事情（日本人の特性、マッカーサーへの誤った信頼、偏向メディア、堕落したアカデミズムなど）との相乗効果の結果であったと分析した。その悪弊が今もなお害毒を流し続けているのだ。本書の趣旨は、そうした風潮の中で特に中心的な役割を果たしてきた『永久革命の種』の実体を見極めて、早く抜け出そうと提案することである。

●本書の構成

本書は、第一部と第二部とに分かれている。

第一部においてはWGIPという『永久革命の種』が連合国の占領政策の中に如何に巧妙に仕込まれていたかを考察する。考察対象の中には、日本人がこれも『永久革命の種』であったのか、と気づかずに今に至ってしまったものが多々あるに違いない。例えば、〝マッカーサー元帥は尊敬すべき人物で、日本の旧弊を打破して日本人に民主主義、言論の自由、平和憲法などの新しい価値観を教えてくれたのだ〟という思い込みもその一例である。

日本人は、『永久革命の種』から脱することによって、誤った歴史認識、暗黒史観、自虐史観から抜け出すことが初めて可能になる。その為にはまずそれが存在していたことを確認して、それを納得の上で否定する心理的・論理的過程が必要なのである。

第二部においては、そのような『永久革命の種』が戦後七十余年を経た現在でも、執拗に根を張って生き続けている事実を考察する。金太郎あめ現象の改憲論議、日本学術会議の軍事研究反対運動、欠陥だらけの安保法制と自衛隊の仕組み、教科書問題などの問題点は、すべて『永久革命の種』に起因している。マッカーサーの呪いは、いまだに生きているのだ。そうした事実を理解すれば、日本人は委縮した状態から解き放たれて、積極的にそうした問題を解決する気持ちを持つことが可能になるに違いない。

【表記】

戦後、GHQは厳しい言論封殺を行って、今次の戦争を「大東亜戦争」と呼ぶことを禁止して、「太平洋戦争」と呼ぶことを強制した。筆者はこれに批判的なので本書においては「大東亜戦争」という表記に統一している。

また、本稿には「中国」と「シナ」という名称が混在する。「シナ」は、現在のいわゆる中国大陸に対して用いられた行政区分を超えた地理的呼称、あるいは当該地域への王朝・政権の時代区分を超えた地政学的・通史的な呼称として使用した。「北東シナ」はそのうちの旧満洲地域を指す。また「中国」という場合には、蔣介石の国民党による「中華民国」またはこれを滅ぼして台湾に駆逐した現在の習近平の「中華人民共和国」の双方、またはいずれかを意味する。

【凡例】

数字は、縦書きとする関係から全て和数字として漢数字（十百千万億兆など）を使用した。ただし、年代については和数字のみの慣例的な表記、例えば「平成二九（二〇一七）年」を採用した。また日本関連の事項の年については、平成二九年のように元号のみを表記する場合がある。

【構成】

章→節→■（大項目）→●（小項目）。

〝〟一般名詞。または強調をする語。

「」引用、固有名詞、専門用語、あるいは特定の意味を持たせた単語や文章。

『』括弧の中の括弧。論文や書籍のタイトルなど。

もくじ

第一部　『永久革命の種』の淵源

第一章　『永久革命の種』

第一節　江藤淳の『永久革命の種』

●文芸評論家・江藤淳

〝永久革命の種〟という言葉は、江藤淳（一九三二〜一九九九）が平成元（一九八九）年に著わした『閉された言語空間〜占領軍の検閲と戦後日本〜』の中で使われた表現である。江藤は、正統的な保守派の論客として論壇で異彩を放った優れた文芸評論家だった。彼の姪の優美子の夫が外交官の小和田恆《ひさし》氏であるから、皇太子妃雅子殿下は江藤の姪の娘（大姪《おおめい》）に当たる。なお、江藤は一九三二年生まれで、筆者は一九三四年生まれであるから、ほぼ同世代である。

江藤は昭和三二（一九五七）年に慶應義塾大学文学部文学科（英米文学専攻）を卒業した。卒業後、すぐに同級生だった三浦慶子と熱愛の末、結婚した。後に安岡章太郎から「慶子さんと付き合いたいので、わざと東大に落ちたんじゃないか」と揶揄されたが、江藤は「僕は真面目に東大を受けて、落ちたんですよ」と答えたとのことだ。

後年、文芸評論家として活躍して、その名を馳せた江藤は、慶応大学教授、東京工業大学教授、大正大学教授にも招聘されて就任した。ロックフェラー財団の研究員としてプリンストン大学への留学経験もある。同大学では東洋史の教鞭も執った。この時代に得た経験から、巨大な米国の社会とどう向き合うかというテーマに生涯取り組んだ。

昭和五四（一九七九）年に、ワシントンのウィルソン・センターで米軍占領下の検閲事情を調査した折に、アマースト大学の史学教授レイ・ムーアより、WGIP（War Guilt Information Program＝戦争についての罪悪感を日本人の心に植え付けるための宣伝計画）の資料を提供されたという。これを機会に日本人がいかに占領軍に洗脳されてきたかを研究し始めたといわれる。

江藤淳（本名：江頭淳夫）

昭和五一（一九七六）年には第三十二回日本芸術院賞を受賞し、平成三（一九九一）年より日本芸術院会員となった。平成六（一九九四）年からは日本文芸家協会理事長を務め、保守派論客として日本最高の知性とまで言われるようになった。

ところが平成一〇（一九九八）年に愛妻の慶子を癌で亡くすと、すっかり気力を失って自らを〝形骸〟と称した程だったが、翌平成一一年に、鎌倉の自宅の浴室で手首を剃刀で切って後追い自殺をしてしまった。瀬戸内寂聴は「奥様へのいたわりや優しさも、生涯深く貫かれて、本当に後を追うように逝かれたのですね」と述べて彼の死を悼んだ。

「永久革命理論」という言葉は、元来はマルクス主義の用語だ。若き日のカール・マルクス（一八一八～一八八三）は、「後進国においては衰退するブルジョアジーは登場してくるプロレタリアートへの恐怖のために民主主義革命を遂行する能力はない」と指摘した。そして、プロレタリアートにしか民主主義的革命は遂行できないと主張した。

そうした要因は**普遍的に再生産**されるから**連続的かつ恒常的**に世に存在するはずである。従って、プロレタリアートは何時でも、例えば今すぐにでも革命を起こして、権力奪取のために立ち上がるべきであると呼びかけて、永久革命理論を唱えた。

レフ・トロツキー（一八七九～一九四〇）は、スターリンやブハーリンがロシア一国でも十分社会主義を建設できると唱えたのに反対して、少なくともヨーロッパ諸国全体での「永久的・永続的」な革命への協力と、そこからの援助なくしては、ロシアは行き詰まると主張した。それを支える理論が彼の「永久革命理論」である。

トロツキーはロシアには工業的後進性があることを指摘した。そして、それが社会主義建設の障害になることを予測し、更に、社会主義的農業政策は圧倒的な人口比率を占める農民の反抗を引き起こすことになると予測した。

そしてトロツキーは、ロシアのような工業的後進国では一国だけでは革命を成功させることはできないと述べて、ロシアは西欧諸国の社会主義革命を促し、それら社会主義諸国からの**永続的な援助**を得て初めて、ロシア革命は**永久的に成功**すると主張したのである。つまり、ロシア革命は一国単独で単発的な革命によってではなく、西欧諸国全体の国境を越えた革命によって「永久的・永続的」に発展するしかないと分析したのである。

江藤はWGIPについて、著書『閉された言語空間』において次のように述べている。

（『太平洋戦争史』という宣伝文書には）「日本の軍国主義者」と「国民」とを対立させようという意図が潜められ、この対立を仮構することによって、実際には日本と連合国、特に日本と米国とのあいだの戦いであった大戦を、現実には存在しなかった「（日本の）軍国主義者」と「国民」とのあいだの戦いにすり替えようとする底意が秘められている。（中略）もしこの架空の対立の図式を、現実と錯覚し、あるいは何らかの理由で錯覚したふりをする日本人が出現すれば、CI&E（民間情報教育局）の「ウォー・ギルト・インフォメーション・プログラム」は、一応所期の目的を達成したといってよい。つまり、そのとき、日本における伝統的秩序破壊のための、永久革命の図式が成立する。以後日本人が大戦のために傾注した夥しいエネルギーは、二度と再び米国に向けられることなく、もっぱら「(日本の) 軍国主義者」と旧秩序の破壊に向けられるに違いないから。
(※括弧内筆者補足)

江藤の言う『永久革命の種』とは、上述のマルクスの言う所の、〝普遍的に再生産され、かつ連続的かつ恒常的に存在する要因〟の意味と、トロッキーの言う所の、〝影響が広く拡散して永久的・永続的に存在する要因〟の両方の意味を含んで使われたものと思われる。『永久革命』を可能にするためにGHQは、次章で述べるように実に涙ぐましいと言わんばかりの用意周到な準備と工夫を凝らしたのである。

第二節　何故、日本人はWGIPの虚構を七十余年も信じたのか

●日本人の民族的特性と社会的特性

日本人が戦後七十余年もの長きにわたってWGIPの虚構を信じたのは、もちろんGHQが仕込んだ『永久革命の種』が主たる要因である。しかし、日本人の側にも、本節に述べるような、WGIPに永続的な効果を発揮せしめた心理的かつ社会的な要因があった。それは人のせいにすることはできない。日本民族全体の責任である。

マッカーサーがＷＧＩＰに仕込んだ『永久革命の種』と、日本人側の民族的特性と社会的特性の両者が相まって、共鳴しあった結果、永久革命の効果が生まれたのだ。そして、両者の相乗効果は現在まで生き続けて来たのである。

ただし、筆者は両者のうちでは、〝原動力〟としての『永久革命の種』の影響の方が、〝持続的推進力〟としての日本人の特性の影響よりも大きかったと考えている。マッカーサーの呪いは現代にまで、生き続けているのだ。

●大本営発表の虚偽

日本人がＷＧＩＰの虚構をかくも易々と信じてしまった要因のうちで、時系列的に第一に来る（影響力の強さの順番ではない）のは、大本営発表があまりにもウソばかりであったことであろう。

大本営発表は都合八百四十六回も行われた。発表は全て連合国側に筒抜けであった。日本国民の戦意を高揚しておく必要があったとはいえ、**終戦直前の戦況に関する大本営発表はことごとく偽り**であった。日本人は発表されていた内容と、連合国によって明かされた事実（ここにも真相とは異なる部分がかなりあったのだが）との間の落差を、強い**憤りと悲しみと共に思い知らされた**のである。

戦争の初期の段階においては、日本軍は優勢であったから情報はほぼ正確であった。戦況が悪化した昭和一七（一九四二）年からは、それまで各個に行われていた陸軍と海軍の発表は統合されて「大本営発表」に統一改称された。そして、その頃からはかなり操作されるようになった。史上初の空母対決が行われた珊瑚海海戦[1]の頃から、戦果の水増しが始まり、以降は戦況が悪化しているにもかかわらず、勝利と報道する全くの虚偽の発表が多くなった（後には一般の企業社会でも上に媚びた信用できない情報を『大本営発表』と俗称するようになった）。

例えば、同年のラバウルの基地航空部隊の戦果[2]について、大本営は「米戦艦カリフォルニア型一隻、及び甲巡洋艦ポートランド型一隻を撃沈。英戦艦ウォースパイト型を大破。米戦艦ノースカロライナ型一隻を中破。米中巡洋艦ルイスビル型一隻を大破」と、赫々《かくかく》たる戦果があがったと発表した。日本軍の損害は「小型空母沈没と飛行機二十四機のみと、軽微であった」と発表した。しかし実際は、日本の雷撃の全てが外れて戦果は皆無であった。発表では当日遭遇した艦は全て撃沈、大破、中破したとされた。

大本営発表では、実際は三隻の巡洋艦だったのが戦艦となり、まだ就役してもいないサウスダコタ級艦型にまで遭遇したことにされ、更に二隻の駆逐艦に過ぎない

1）珊瑚海海戦：昭和 17（1942）年 5 月 8 日、豪州北東部の珊瑚海で、ポートモレスビー攻略を目指し南下してきた日本海軍と米豪の連合軍の間で行われた海戦。史上初めて航空母艦同士が主力として戦った海戦だった。連合軍の損害が、空母一隻が沈没、一隻が大破だったのに対し、日本海軍の損害は空母「翔鶴」一隻が大破し、軽空母「祥鳳」一隻が沈没した。

2）戦果の大本営発表の例：Wikipedia（https://ja.wikipedia.org/wiki/ 大本営発表）

艦船が甲型巡洋艦、中型巡洋艦に格上げされたのである。

昭和二〇（一九四五）年三月の硫黄島の玉砕についての大本営発表は、次の通りの素っ気無いものであった。すなわち「(三月一七日）夜半を期し最高指導官を陣頭に皇国の必勝と安泰とを祈念しつつ全員壮烈なる総攻撃を敢行すとの打電あり。爾後通信絶ゆ。この硫黄島守備隊の玉砕を一億国民は模範とすべし」とのみ発表されたのである。

昭和二〇（一九四五）年八月六日の広島への原爆投下に関する大本営発表（翌七日付）は、「一、昨八月六日広島市は敵少数機の攻撃により相当の被害を生じたり　二、敵は右攻撃に新型爆弾を使用せるものの如きも詳細目下調査中なり」とのみ報じられた。

以上のように大本営の発表は、特に戦争末期においては、前線の悲惨な実情を正確に伝えることはなかった。しかし、現地に派遣されていた新聞社の多くの報道班員が、最前線における兵站の補給難や兵士の飢餓、マラリアなど感染症の蔓延、連合国軍の圧倒的な戦力といった実情を、かなり正確に伝えていたという事実も付記しておきたい。

●マッカーサーへの誤った信頼と尊敬

後章で改めて述べるが、言論の自由と民主主義を教えてくれたはずのマッカーサーが、秘密裡に言論統制による洗脳計画を推進し、追放を強行し、かつ数々の国際法違反を犯してまで嘘を教え込んだなどという事は、日本人は**夢想だにしなかった**。

日本人はマッカーサーからすっかり催眠術にかけられてしまい、強い信頼と敬愛の心を持ってしまった。それだけに真相が分かってからの日本人の落胆と絶望は大きかった。マッカーサーを信頼する気持ちから未だに抜けきれないでいる日本人のほうが多いくらいだ。特に日本の憲法学者の中には、せっかくマッカーサーがつくってくれた平和憲法は絶対に護るべきであるとの僻見に捉われたままでいる不勉強な学者が多い。困ったことだ。

●教育の左傾化

GHQは、日本の**教育制度の改革を共産主義者と手を組む**ことによって推進した。カナダの共産主義者のハーバート・ノーマンがGHQの担当官としてこの政策を強力に推進した。GHQの命令で約三千人の共産党員が釈放された。彼らは司令部の建物の前に集まって「万歳」を叫び、さらに人民大会を開いて、「天皇制の廃止」や「天皇を戦犯として逮捕せよ」などと気勢をあげた。

後になって米国は、これは重大な誤りであったと悔いたのだが、後の祭りであった。この点については、「X論文」で有名な米国の外交官出身の歴史学者、ジョージ・フロスト・ケナンは、米国の極東政策を痛烈に非難し、かつ米国の共産主義対策を手ぬるいとして批判した。米国は共産主義勢力と戦っていた日本を滅ぼしてしまった結果、米国自らが共産主義と直接対峙しなければならなかったからである。そして、「日本の満洲権益は決して不法に中国から奪取したのではなく、日露戦争と第一次世界大戦の結果、国際法上の正当な権益としてロシアとドイツから獲得したものである。つまり、侵略によって得たものではない」と指摘[3]している。

GHQが推進した左傾化により、日本の教育は大きく歪められた。子供たちは、日本人として生まれたことを恥ずかしく思うような教育をされた。それは戦後七十余年も経った現在においても引き続き行われており、是正されていない。そして、未だに日本人として生まれたことを恥ずかしく思う亡国的な反日日本人をせっせと育てているのである。

●日本の教育に巣くったWGIP

日本人は反省をし謝罪を続けるべきであるというWGIPの筋書きは、日本人の共同体の関係性重視（友好と穏便の重視）、連帯責任感、遵法精神、潔い謝罪傾向、謙虚な反省、贖罪精神などの長所を極めて巧妙に取りこんでいる。

これが良心的な日本人の心にうまく食い込んで自虐史観として出現し、左傾化した教

3）ジョージ・フロスト・ケナンの指摘：『日本人を精神的武装解除するためにアメリカがねじ曲げた日本の歴史』青柳武彦著　2017年　ハート出版刊、237ページ参照

育のために拡大再生産を続けて、延々と現在に至っているのだ。今にして思うと、巧妙に作られたプロパガンダに乗せられてしまったとはいえ、自主性も、理知性も、かつ真実への探求心もない話で、情けない限りである。

但し、ＧＨＱが日本人の特性をうまく利用したとは言っても、それが全てではない。愛国心につながる可能性のある「愛国心」「忠義」「仇討」や「お家再興」などの伝統的心情は徹底的に排除した。ＷＧＩＰは日本人の国家意識と国家に対する忠誠心を完全に崩壊せしめて、再び日本が強国として世界に登場してくることがないようにするものであったからである。

こうして日本人はすっかり洗脳されてしまい、大東亜戦争について極めて強い罪悪感と、現実を直視して行動するという美意識に基づいて、それを補償しなければならないという強い贖罪意識を持つに至った。この贖罪意識が、自虐史観の基となったのである。

日米開戦は、日本の軍国主義者が無謀にも米国との戦争を始めたということになっているが真相は全く異なる。ルーズベルト大統領は戦いをしないことを公約して大統領になったので、英仏の要請に応えて対独戦争に参戦するためには、当時八五％を占めていた一国平和主義の米国世論を変えさせる必要があった。日米開戦はそのために行った策略だった。

ルーズベルトは、日本に宣戦布告に等しい無理難題（ハルノート）を押しつけて日本を挑発して、最初の一発を撃たせようと画策した。日本は開戦を避けようと必死に努めた。後日、日本の歴史家の中には、ハルノートは受け容れるべきだったとか、陸軍が跳ね上がって開戦を主張したとか、見当違いの議論があったが、ルーズベルトの目的は日本を戦争に立ち上がらせることだったので、何をしても無駄だったのである。

日本は米国の属国にされることを避けて独立を死守するために、乾坤一擲を賭して真珠湾攻撃に立ち上がった。ルーズベルトはこの情報を逸早く把握してハワイ以外の全前線基地の司令官に開戦準備を命令したが、ハワイの米軍当局にだけは通知をせずに日本側の卑怯な急襲を演出してハワイの損害の甚大化を放置した。更に在米日本大使館は、この重大な局面に信じられない程の怠慢から事前に宣戦布告文を手交することに失敗して、ルーズベルトの「Sneak attack（卑怯な騙し討ち）」宣伝の御先棒をかつぐ結果となった。米国民は激高して対日開戦を容認した。

このルーズベルトの国家反逆罪に相当する行為に対して、二〇〇〇年迄の間に無慮十一回にも及ぶ調査委員会や査問会議が、米陸海軍、及び上下院によって行われた。すなわち、①ノックス調査委員会（一九四一）、②ロバーツ調査委員会（一九四一）、③ハート調査機関（一九四四）、④陸軍査問会議（一九四四）、⑤海軍査問会議（一九四四）、⑥クラウゼン調査機関（一九四四）、⑦ヒューイット調査機関（一九四五）、⑧クラーク調査機関（一九四五）、⑨上下両院合同調査委員会（一九四五）、⑩上院調査委員会（一九九九）、⑪下院調査委員会（二〇〇〇）である。

これにより真相が白日の下に晒された。

米国は頭を抱えた。これが明らかになると東京大空襲、原爆投下、東京裁判、等を正当化できなくなるからである。そこで本件を情報公開法における特別機密事項として二〇六五年まで公開を禁止した。

しかし二〇六五年まで待たなくても、日米開戦の真相は既に幾多の研究によって明らかにされている。日米開戦当時の共和党の党首、ハミルトン・フィッシュが真相を知るに及んで激怒して、米国民に読ませようとして著わした、〝Tragic Deception〟（悲劇的欺瞞）、ルーズベルトの前の共和党大統領だったハーバート・フーヴァーの〝Freedom Betrayed〟（裏切られた自由）、その他である。

アラン・アームストロングは、若しルーズベルトが存命中であったならば、国家反逆罪の科で大統領弾劾裁判にかけられて、米国初の弾劾宣告を受けたかもしれないとまで述べている。このような調査と査問を受けた大統領はルーズベルト以外にはいない。彼の策謀は、国際社会における通常の権謀術策の埒外であったのだ。

米国の主流の意見は、ルーズベルト大統領の卑怯な権謀術策は事実であったと認めはしているが、それは世界平和の為にドイツを叩く必要性があり、彼が止むを得ずにとった、彼なりの正義感の発露であったと強弁する。そして、それは当時の米国における民主主義の下では止むを得ないことであったという。それは米国の民主主義のコストであったというわけだ。

冗談ではない‼ **米国の民主主義のコストをどうして日本が支払わなければならないのだ。**

この問題は、今や米国の国際政治学の分野では誰も触れたくないタブーになりつつある。しかし日本にも米国にも歴史の真相に無頓着な無邪気なエセ学者はいるものだ。日本には旧東大の〝歴研〟（歴史研究サークル）の流れを汲む「日本歴史学研究会」というＷＧＩＰを支持する左翼グループがある。米国にもそれに呼応する学者グループがあって、日本の本物の学者グループ（筆者も支持メンバー）との間で米マグロウヒル社の高校教科書の偏向記述をめぐって論争が行われている。

日本人の誇りは取り戻さなくてはならないし、誤りは正さなければならない。しかし、そんな昔の話を日米の政府間であげつらって揉めて反感を招いても、国益に資するものはない。当分は両国の学者間の論争に任せておいて良いだろう。

但し、慰安婦問題、南京事件、靖国神社参拝問題、尖閣有事問題のように、今現在の時点で米国議会や米国民が問題にしているようなことは、早急に糺しておく必要がある。米グレンデール市に建っているような慰安婦像が、全米各地に広がりつつあるが、米国民の間で「たとえ尖閣有事の場合でも、不道徳な日本を助けるために米国の若者の血を流すことは許さない」という声が出始めている。これは日本の安全保障問題に関係する問題である。それに対処するには河野談話の撤回が不可欠だ。河野太郎（新）外相の手腕に期待する。

●メディアの欺瞞と怠慢

次に掲げる要因は、テレビを含む**マスコミの節操のないWGIPの御先棒担ぎ**である。マスコミは「自分たちの最大の任務は現実の姿をありのままに伝えることによって、**権力を監視**して、場合によっては権力の暴虐から国民を護ることである」と、立派なことを言っている。しかし、残念ながら言うことと実際にやって来たことが全く違う。

GHQによるWGIP実施の初期の段階においては、たしかに朝日新聞社や時事通信社などのマスコミ数社が、占領政策を批判する趣旨の記事を掲載したことがあった。しかし、GHQによって直ちに禁止されて印刷済み発送間際のものまで没収廃棄されてしまった。そして今後はもしプレスコードに従わなければ用紙の配給を外すとまで脅かされて、全面的に降参をしてしまったのである。

もっとも、マスコミ数社が抵抗の姿勢を示したのは、追放の嵐の猛威が荒れ狂う以前のことだった。まだ骨のあるジャーナリストが在籍していた時期であった。彼らが追放されて以降、日本中のマスコミは、GHQの逆鱗に触れるような記事は決して掲載しないようになった。

日本中のマスコミが恭順の意を表明して、「真実を伝え権力を監視する」ことを怠ってしまったものだから、日本国民は戦後の七十余年間の長きにわたって大東亜戦争の真相については「見ざる、聞かざる、話さざる」状態に置かれてしまったのである。

サンフランシスコ講和条約が発効して日本が完全に独立を回復し、そのような強圧が一切なくなった現在でも、マスコミの在り方は目を覆うばかりである。現在でもバカ正直にプレスコードを順守しているとしか見えない。メディアの責任は重大である。全く情けない！

●メディアの偏向

テレビは新聞や雑誌などのペーパーメディアと異なり、公共電波を使用することから公平を期すために放送法が適用されている。放送法第四条により「①公安及び善良な風俗を害しないこと、②政治的に公平であること、③報道は事実をまげないですること、④意見が対立している問題については、できるだけ多くの角度から論点を明らかにすること」となっている。全て当たり前の話だ。

なお、米国にはこのような公平原則はないからテレビを含めたメディアは偏向し放題である。米国には、共産党の「赤旗」公明党の「公明新聞」創価学会の「聖教新聞」のように旗幟を明らかにして互いに争っているものしかない。そのことは、トランプ大統領のメディアとの戦いぶりから日本でも知られるようになった。筆者は、公正公平性を規定している日本のほうが優れており、「言論の自由」を護っていると考える。

ところが、この当たり前の法律の内容を担当大臣が国会で引用したら、野党やマスコミから袋叩きにあってしまった。平成二八年二月八日の衆議院予算委員会において、高市早苗総務大臣が答弁において、「国論を二分するような政治課題について、放送事業者が殊更に一方の政治的見解のみを取り上げてそれを繰り返すなどは、あきらかに不偏不党の立場から逸脱していると認められる。場合によっては放送法四条に違反するものとして行政指導を行うことがある。また、それでも改善されない場合には電波法七十六条に基づく電波停止の措置を採ることがある」旨の答弁をした。法律にそう書いてあるのだから、非の打ちどころのない完璧な答弁だ。

ところが早速、日本弁護士連合会（日弁連）が反対の意見書[4]を発表した。反対は、「言論の自由を害する」ことを批判する立場からのものと、「政府が強圧的に判断をするのは怪しからん」という立場からのものだ。

それでは日弁論に伺うが、メディアのお気に召さない為に報道してもらえない側の言論の自由は誰が護るのか。更に、選挙で民主的に選ばれた政府に判断してもらわないで、誰に判断してもらうのか。そもそもメディアやマスコミの当事者が自主的に適宜判断をして客観的な報道を実行していれば何の問題もないのに、自主的な判断も自己規制も全

4）「放送法の『政治的公平性』」に関する政府見解の撤回と報道の 自由の保障を求める意見書」日本弁護士連合会：http://www.nichibenren.or.jp/library/ja/opinion/report/data/2016/opinion_160414.pdf

く行われていないので、問題になっているのだ。

平成二九年八月二二日の産経新聞と読売新聞の朝刊に、加計学園報道に関する「放送法遵守を求める視聴者の会」の意見広告[5]が掲載された。それによると「加計問題」を扱ったテレビ報道時間[6]の合計は八時間三十六分二十三秒だったが、その中で前川（前）文科省事務次官の「行政が歪められた」発言を放送した時間は二時間三十三分四十六秒で、**約二三・五％**もあった。

これに対して、加戸守行（前）愛媛県知事が「文部科学省に歪められていた行政が内閣府によって正されたというのが正しい」と論証と共に発言したが、これを放送した時間はたったの六分一秒で、**約一・二％**に過ぎなかった。内閣府規制改革推進会議委員の原英史氏の「規制改革のプロセスには一点の曇りもない」発言に至っては、放送した時間は合計でたったの二分三十五秒で、**約〇・五％**しかなかった。三十番組の合計で、この数字だからほとんどの局は全く報道しなかったのに違いない。

キー局のテレビ東京が報道したのは前川発言だけだった。加戸発言と原発言は完全に無視されてしまったのである。いくら何でも酷すぎないか。これで、放送法に言う「意見が対立している問題については、できるだけ多くの角度から論点を明らかにすること」が遵守されていると言えるのだろうか。これでは、言論の自由もヘッタクレもない。

5）「放送法遵守を求める視聴者の会」の意見広告：https://snjpn.net/archives/28768
6）報道時間：七月一〇日十四時十九分から同一一日の各局のニュース番組、計三十番組を（社）日本平和学研究所が調べたもの。

やっていることは実質的に加計学園問題に偽装した野党の倒閣運動に他ならない。

これは、ほんの一例に過ぎない。こうしたメディアの欺瞞と怠慢から来る偏向報道が、あらゆる場面でまかり通っているのだから恐ろしくさえなる。これでは放送法は無いに等しい。明らかにテレビは自分の主張に都合の良い部分だけを報道し、都合の悪い部分は隠蔽しているのだ。残りの部分は、面白おかしく政権与党側を攻撃する内容であったとのことだ[7]。一体どの口が「権力を監視する」などと偉そうなことを言うのか！

講和条約が発効した時点で、直ちにメディアは自らが蒙った被害も含めてＷＧＩＰの実体を詳しく報道して日本人に真相を知らせるべきであった。それを怠ったばかりか、真相を究明して日本人の誇りを取り戻そうとする勢力に対して、あらゆる手段を使って妨害している。特に、朝日新聞、毎日新聞、東京新聞、共同通信社、及びＮＨＫは「病膏肓に入る」状態である。日本の為には早くつぶれて頂くしか方策はない。

●アカデミズムの堕落

日本のアカデミズムの**無批判、無抵抗の、だらしがない節操のなさ**も重大な要因である。これについては第二部第五章「亡国の日本学術会議」においても改めて考察する。日本人は知的な精神活動を高く評価し、全ての情緒的かつ感覚的な反応をできるだけ抑えて、ア

7）放送法遵守を求める視聴者の会：http://housouhou.com/

カデミズムによる分析を傾聴しようとする傾向を持っている。

そのため日本には、学者や有識者の意見を常に尊重する精神的土壌がある。ところが、日本のアカデミズムはいとも容易にＷＧＩＰのプロパガンダに屈服してしまったのである。全くだらしがない！　日本のアカデミズムの責任は重大である。

まず法律学者が東京裁判を受容してしまった。横田喜三郎東大名誉教授には東京裁判について肯定的評価を与えた論文『国際法の革命』その他の多くの著書があるが、現在では資料的価値以外には何の学問的価値もなくなっている。しかし多くの法律学者が追随した。

歴史学者も負けず劣らずお粗末であった。日本最大の歴史学会の歴史学研究会は、いまだにＷＧＩＰを支持して、多くの反日亡国論文を発表している。彼らの息のかかった若い歴史学徒が学校の教壇に立って、せっせと日本に生まれたことを恥ずかしく思うような反日の若者を育てているのだ。

戦後七十余年もたった現在でも、日本学術会議を先頭にして多くの学者がすべての軍事用途に転用可能な科学技術の研究開発に対して拒否反応を示し続けている。暗黒史観に基づく『永久革命の種』のしからしむる所であるにしても、あまりにも学者としての矜持も自主性も失った姿勢だ。だらしがない。そのために日本の防衛力は停滞したままでおり、中国、北朝鮮の思うツボだ。

第二章　『永久革命の種』の淵源、ＷＧＩＰ

第一節　歴史改竄による洗脳計画

●ＷＧＩＰ＝戦争責任情報プログラム

米国は、日米戦争が始まるに至った真相を隠蔽して自らの立場を正当化する為に、ＷＧＩＰ（War Guilt Information Program ＝戦争責任情報プログラム）、すなわち、〝日本の軍国主義者が侵略戦争を行ったので、米国が正義の鉄槌を下した〟という虚構を日本人に信じこませるというプロパガンダを展開した。

ＷＧＩＰは、十分に下準備ができていたからその実施は極めて素早かった。占領開始から二週間もしないうちに、まず国家の基本的な政治秩序を破壊するために、**「神道」の否定**を命令した。二カ月後には、それまでの**教科書**を全て点検して都合の悪い部分は黒塗りして使用することを命じた。四カ月後には占領政策の邪魔になると思われる人物（国会議員を含む）に対し**公職追放**を発令して駆逐した。

更に八カ月後には教育界において百三十万人もの**教職員**を対象として大規模な審査を行って、不適格な思想を持つと判断される人物を追放して排除した。更に**教育勅語**を軍国主義を生むもとになるとして禁止した。そして言論弾圧の総仕上げとして、GHQは七千種類以上の書物の廃棄を命令した。日本人の精神活動の文化的遺産はことごとく葬り去られたのである。現代の**焚書**である。

短期間にここまでやるとは、ものすごい実行力だ。戦勝国がここまで敗者の文化と精神的分野にまで立ち入って、一方的かつ傍若無人のふるまいをするのは、戦後処理の歴史に残る大事業といえよう。しかし、こんなやり方は**国際法違反**であるだけでなく、日本が受容した**ポツダム宣言にも違反**するものだ。戦争に敗けたのだから仕方がない、などと考えるのは日本人としての矜持を失った考え方である。民族の気概からの批判精神を失ってはならない。

●WGIPの欺瞞と傲慢

敗者の尊厳と独立を奪うために、勝者は必ず敗者の歴史を否定する。秦の滅亡後に新興した前漢の司馬遷が書いた、『史記』には、秦の始皇帝が行幸中に亡くなった場面を「死体の腐敗臭を腐った魚の臭いでごまかした」と記述して、始皇帝の権威を貶めた。

シナでは戦乱で王朝が交代すると、勝者である新王朝が前王朝を否定して、自らの正統性を示す全く新しい国史を編纂し、これが〝正史〟となった。『史記』、『漢書』、『元史』、『明史』などは全部がその例である。真実かどうか、などということには何の価値も置いていないのだ。

現在、習近平の中国は南シナ海における島々を昔々のその昔、中国領であったと史書に書いてあると主張して、現在の国際法秩序を認めようとしない。しかし、シナの史書は真正さの証拠としては何の価値もないのだ。

勝者が敗者の存在を完全に歴史から抹消してしまうことも多い。紀元前三世紀中頃から前二世紀の前半までに起こったローマとフェニキア人のカルタゴの西地中海の覇権を巡るポエニ戦争で、敗れたカルタゴは完全に滅亡し、勝利したローマが地中海支配を確立させ、世界帝国に成長する端緒を作った。

日本は大東亜戦争に敗れはしたが、幸い存在自体は否定されずに済んだ。国際社会の成長と成熟のおかげと言ってよいだろう。しかし、だからと言って日本民族の精神文化や開闢以来の長い歴史まで否定されたくはない。

占領軍が行ったWGIPにおいては、日米戦争が如何にして起こったかについて「日本の軍国主義者が侵略を行ったので、米国が正義の鉄槌を下した」という真っ赤なウソを信じ込ませることから始まった。

WGIPは、大東亜戦争の歴史だけでなく、神武天皇以来の日本の歴史を全て暗黒史観で塗り変えようとするものだ。遠大だが傲慢で、理不尽極まりない計画だ。

●精神的武装解除

戦後、米国は自己の行った東京大空襲、原爆投下、極東軍事裁判などを正当化するために、用意周到に準備をしたマインド・コントロール政策を行った。すなわち「日本の軍国主義者が国民をだまして侵略戦争を始めたので、その罰として連合国から大空襲にあい、かつ原爆まで投下されてしまった」という観念を日本国民に刷りこむことにより、**精神的武装解除**を行ったのである。

連帯意識と連帯責任感、及び潔い反省心を持つ日本人の心の中で強い贖罪意識が生じ、それは自虐史観となって現れた。そして、それは左傾化した教育に利用されて自律的に再生産と増幅を重ねて現在に至っている。

日本人は謝罪をするにあたり、ただただ自分は正義を実行しており、それは極めて高尚な行為と思い込んだ。それは、悲壮感と共に一種の甘い快感さえも伴うものであった。しかし、それは究極的には日本人の精神を崩壊させ、民族の気概を徹底的に損なう結果をもたらしたのである。

米国がこれほど熱心に「自分たちは悪くない、悪いのは日本だ」と連呼せんばかりに躍起になったのは、この大戦に至った経緯、及び東京大空襲（国際法上は非戦闘員や非軍事施設に対する攻撃行為は禁止事項）、更には終戦直前の原爆の投下について、かなりの後ろめたさを感じていたから、そして日本の戦力と抵抗の激しさにかなりの恐怖感を持っていたからに違いない。

第二節　周到なＷＧＩＰ策定準備

●ルース・ベネディクトの『菊と刀』

ＷＧＩＰを策定するにあたって、米国は用意周到な準備を行った。本節で述べる通り、日本研究の論文を収集し、かつ新たに何人もの学者に委嘱して、日本人の心情及び文化全般についての研究プロジェクトを発足せしめた。そしてその成果を、ＷＧＩＰに取り入れたのである。

米国の文化人類学者、ルース・ベネディクトが昭和二一（一九四六）年に発表した『菊と刀』は、ＷＧＩＰの策定に極めて大きな貢献をした。彼女は日本に来たことはなかったが、幾多の文学作品、小説、映画、論文などを克明に研究して詳細な日本論を展開している。日本論そのものがほとんどなかった時代なので高く評価する者も多い。しかし、ひとりよがりの点が多いので和辻哲郎などは「読むに値しない」と酷評している。当時にしては労作であったことは確かだが、筆者には見当違いの点も多いように思える。

　ベネディクトは一八八七年に生まれ、名門のヴァッサー女子大学を首席で卒業し、コロンビア大学で博士号を取得、四三年には大統領府の戦時情報局[8]（United States Office of War Information ＝ＯＷＩ）の文化研究、基礎分析部門の責任者となった。更に外国戦意分析部門の主任アナリストも兼務した。上司から日本研究を指示されたのはこの頃である。四六年には『菊と刀』が刊行された。そして四八年にはコロンビア大学教授に就任したのだが、就任後たった二カ月で他界してしまった。享年六十一歳だった。

ルース・ベネディクト

　なお彼女は著書『菊と刀』の出版前年に「日本人の行動の型」という報告書を米国務省に提出している。彼女はこの中で、「日本人を侮辱する行動をとってはならない」こと、「天皇陛下の責任を問うのではなく実際に戦争責任のあった軍部を裁く方が良い」こと、などを進言している。この進言は連合国軍総司令部（ＧＨＱ）の判断に相当な影響を与えた可能性が十分にある。

8）戦時情報局（ＯＷＩ＝Office of War Information）：Ｆ・ルーズベルト大統領が一九四一年に、それまでの情報調査局（ＯＣＩ）、事実統計局（ＯＦＦ）、及び政府報告局（ＯＧＲ）を統合合併して大統領・緊急事態管理局（ＯＥＭ）内に設置したもの。ルーズベルト大統領はＣＢＳ記者のエルマー・デイビスにＯＷＩ構想実現を委託した。戦争に勝利するために積極的な役割を果たし、戦後の世界の基礎を築くことを使命とした。また、新聞、ラジオ、映画、その他の手段を使い、国内および海外に向けて戦争の情勢や戦争の目的などの情報計画を組織することを担当した。

彼女は、日本人には一方では美を愛し菊作りに秘術を尽くすという審美的な面があると同時に、他方では力を崇拝して武士に最高の栄誉を与えるという好戦的な面があるという、**「二面性」**があると考えた。そして、それが日本人の文化を特徴づけていると考えたことが『菊と刀』というタイトルにつながったと思われる。

彼女には、こうした二面性は奇妙なものと映ったのかもしれない。しかし、こうした二面性はどこの国にでもある文化的伝統である。中世の欧州では尊敬される立派な騎士は、武術に優れ、しかも詩歌などの芸術的素養も持っているものとされていた。また、ハードボイルド小説作家、レイモンド・チャンドラーが書く私立探偵のフィリップ・マーロウは、「タフでなければ生きて行けない、優しくなければ生きている資格がない」というセリフをはいて、米国の大衆読者におおいに受けた。これらも別な形での二面性だ。

彼女は、日本の文化を類型化して、**外的な批判を強く意識する「恥の文化」**として位置づけた。そしてこれは、内面に確固たる基準を欠き、他者からの評価を基準として行動が律されているとした。欧米の文化も同じく類型化して**内的な良心と神を意識する「罪の文化」**と対比するものと位置づけた。これは、内面に善悪の絶対的な基準を持つ心的構造と考えた。

ベネディクトは、日本の「恥の文化」にはたとえ意識しなくても他人がどう評価するかによって自己の行動を決めてしまうという他律的傾向があると分析した。日本人は世間体に強く配慮しながら、恥辱を感じないで済むように行動するという。これは集団主義の文化ということもできるだろう。

対照的に欧米の「罪の文化」にあっては、他人が自分をどう評価するかよりも、自分の内部の道徳感や神の教えに照らしてどう判断するかを重視するという自律的要素をより重視する。個人主義の文化ということもできるだろう。ただし最近では、日本でも自由主義と個人主義が優勢になってきているので、ベネディクトの『菊と刀』が言うような他律的「恥の文化」の類型は、必ずしも当てはまらなくなってきているかもしれない。

日本の文化を「恥の文化」と位置づけたのはある程度は首肯できるが、あたかも欧米のキリスト教的な「罪の文化」の方により上位の価値があるような書き方をしているのは賛成できない。日本人も神や仏の教えを重視する心はあるし、それこそが日本人の「恥の文化」を心の奥深い所で形成させていると考えられるからである。

更に彼女は、日本社会を特徴づけるものとして上下関係の秩序に注目した。その秩序の中で各人にふさわしい位置を占めようとする人々の行動や考え方について分析した。その中で、年長者を敬い、かつ恩や義理による人間関係を重んじる傾向を、日本文化の固有の価値と考えている。

その他に、彼女は日本の家族制度を男女差別の根源と見做したり、「武士道」を、軍国主義を正当化するものと見做したりしているが、賛成できない。また、日本人の民族的性格をジークムント・フロイト流の精神分析、病理学的に解釈して、不良青年の精神構造に類似しているとしたり、集団的神経症にかかっているとしたり、現実性のない極論としか思えない論評も多々ある。

●神道研究者のD・C・ホルトム

ベネディクト以外のWGIP策定に影響を与えた研究者としては、米国の宗教学者で日本の神道の研究者、D・C・ホルトムがあげられる。彼は、加藤玄智の影響を多分に受けていると思われる。ホルトムはその著書〝Modern Japan and Shinto Nationalism〟（近代日本と神道ナショナリズム　一九四三年）の中で、加藤の説を引用して次のように述べている。

（加藤）博士は、〝中国人の中で天と上帝が占める地位、あるいはユダヤ人の中でエホヴァの神が占める地位は、日本では古くから天皇が持っておられた〟と述べ、また〝天皇は昔から『あつき神』（眼に見える神）、『あらひと神』（人間の姿をした神）および『あらみ神』（人間の姿をした大神）と呼ばれて来た〟といっている。

ホルトムは来日経験もあり、『近代神道の政治的意義』、『日本の国民信仰』、及び上述の『近代日本と神道ナショナリズム』などの論文も著している。特に最後の著作は、米陸軍省や戦略諜報局（ＯＳＳ＝現在のＣＩＡ）[9]などが対日占領戦略策定の折に参考にした文献の中で最も頻繁に引用された十六文献の一つに入っている[10]ほどだ。

占領政策の究極の目的は「軍国主義の排除」と「超国家主義の排除」を行うことによって「日本の完全な武装解除による非軍事化」を達成することであったが、ＧＨＱは、それを長期的に保障するためには「精神的武装解除」が必要であると考えた。これは明らかにホルトムの影響と思われる。

ホルトムは、日本の**伝統的文化である神道と、軍国主義や超国家主義とを混同**した。そして、誤解に基づく日本文化論と宗教論を唱えてＧＨＱをミスリードし、教育における日本人の「精神的武装解除」を間違った方法で推進するきっかけを作ってしまった。日本人の自虐史観の形成に大きな影響を与えた日本研究者であった。

すなわち「精神的武装解除」のために、ＧＨＱは日本の伝統的文化である神道を禁止したりして、日本人の伝統的価値観を封じ込めた。具体的には「四大

9）戦略諜報局（ＯＳＳ）：Office of Strategic Services。第二次世界大戦中の米国軍の特務諜報機関。一九四一年にルーズベルトにより設立された情報調査局（Coordinator of Information ＣＯＩ）の後身で、後の中央情報局（ＣＩＡ）の前身。ウィリアム・ドノバン少将によって設立された。終戦時のＯＳＳの工作員は三万人もいたと伝えられている。諜報専門家だけでなく心理学、医学、地理、語学、科学など、あらゆる分野の学者が集められていたという。

10）ホルトムの著作の頻繁な引用：『占領と宗教～比較の中の政教分離原則（一）』北原仁（http://www.surugadai.ac.jp/sogo/media/bulletin/Hougaku26-02/Hougaku.26-2.103.pdf）

（教育）指令」（後述）を文部省に発令して、学校における神道行事や皇室についての教育を禁止した。彼の意見具申は、日本の教育改革に大きな影響を与えたのである。

ホルトムの日本の伝統的文化と軍国主義の混同は、教育面への影響だけではない。占領政策の全般的かつ根本的な面において、決定的な影響を及ぼした。ハル国務長官は、昭和一九（一九四四）年に出された国務省の文書『米国の対日戦後目的』において、「日本の軍国主義は国民の伝統に基づいているという点において、独や伊と異なる」と述べたほどだ。

ハル国務長官によれば、独のナチズムや伊のファシズムは、ヒットラーとムッソリーニという特異なリーダーの個人的な性向による部分が大きいと考えられる。対照的に、日本の軍国主義は、より広範囲で伝統的な日本人の文化そのものに根付いているという。したがって日本国民の心情や心理面に積極的に介入して、精神的武装解除をすることが極めて重要であるというのだ。

●社会人類学者のジェフリー・ゴーラー

英国の社会人類学者ジェフリー・ゴーラーは、大統領府の戦時情報局（ＯＷＩ）の外国戦意分析部門の主任アナリストを務めていた時がある。彼は自分の後任としてベネディクトを推薦している。『日本人の性格構造とプロパガンダ』（福井七子訳　ミネルヴァ書房）、『日本文化におけるいくつかのテーマ』、『日本映画におけるプロパガンダと、プロパガンダに対抗する提案』などの論文を著した。当時の著名な社会人類学者だったが、彼の見解にはユニーク過ぎるところがあって筆者の理解に余る。

ベネディクト同様に日本語を解せず、来日したことさえないのに、インタビューと資料（二十四本の日本映画を含む）の調査だけで日本人の精神構造を極めて詳細に分析している。しかし、かなり偏見と誤解に満ちたものと断じざるを得ない。

ゴーラーによれば、日本人の国民性の底には、矛盾する幾多の二面性が存在するという。その二面性がベネディクトの『菊と刀』の審美感と武骨という二面性の考え方に影響を与えたものと思われる。それは**乳幼児期の厳しい用便の躾（トイレット・トレーニング）が、なんと日本人の強迫神経症につながる**というのだ。いくら何でも突飛すぎる指摘だ。

日本の乳幼児にとって最も深刻な罪は布団を汚すことであり、もし汚すと厳しい叱責を受ける。この自分が受ける厳しい叱責の記憶が長ずるに従って他者に対する姿勢に影響を与えるという。そして階層社会において自らが厳しい強制に従うと同時に、他者に対する攻撃的な強制を行うという二面性につながるという。更に、そうした姿勢の表れ方は、日本の序列が厳しい階層社会における上昇志向につながり、それは時には暴力性につながるという。そして、その暴力性が外国に向けられると侵略的性向の遠因になるというのだ。

日本人の持つ傾向の原点に、乳幼児期の用便の躾を持ってくるとは、日本人の目から見ればアッと驚き、かつ噴飯物の日本人論だ。

更に、ゴーラーは日本人の国民性を総括して、原始的であること、幼稚および未熟で不良少年の構造に類似していること、かつ精神的、感情的に不安定であること、という三点を挙げた。そして日本人は「集団的神経症」であると主張した。日本人を珍しい原始人扱いしているとしか考えられない。

「日本人の国民性は米国の不良少年の構造に類似する」という決めつけでは、なんと二十八項目の類似点を列挙した。主な点を挙げると、グループへの完全な服従、よそ者排除、非情さ、リーダーとの一体感、グループ構成員個人の勇気、名声、成功への憧れとプライド、名誉、面目の美化などである。

欧米のギャング団にも日本のヤクザにも当てはまりそうな属性だ。これが日本人全員に当てはまる国民性とは、あまりのバカバカしさに恐れ入るしかない。部分的に現れる属性を一般化する誤謬の現れだが、これが当時の米国人の日本人に対する共通理解として受け容れられていたのだ。

WGIPや、戦後の日本の教育政策に与えた影響という観点からは、おそらく『菊と刀』のベネディクトよりもゴーラーの方が強烈で突拍子もないだけに、より大きなインパクトを与えたのではないだろうか。こうした状況の中で、日本の戦後教育の方向性は、階層の否定、個人主義的傾向、および自由の付与、が強調されるようになるのである。

第三節　軍国主義者が悪かった？

●日本人の連帯責任意識

ＷＧＩＰの最終的な具体的実施案はＧＨＱの民間情報教育局（ＣＩ＆Ｅ[11]）が中心となってまとめ上げた。ＷＧＩＰが実施されるまでは、日本人は戦争に負けたことの精神的ショックと生活苦に打ちひしがれてはいたものの、「撃ちてし止まむ」や「鬼畜米英」の精神の記憶もあったので、戦争そのものへの反省や贖罪の意識はほとんど持っていなかった。敗北は単に軍事力と産業力の差、兵器の優秀さ、および原爆の威力のためだけであるという考えが一般的であった。日本人としての誇りも気概も失ってはいなかったのである。

しかし、ＧＨＱは、日本研究の成果を十分に活用してＷＧＩＰを策定した。もっぱら軍国主義者という仮想人格を作り上げて、戦争の原因のすべてを軍国主義者の誤りに帰せしめたのである。米国は既に知的水準が高いレベルにある日本国民に対

11）ＣＩ＆Ｅ：Civil Information and Education Section。民間情報教育局。教育全般（初・中・高等教育、社会教育）・教育関係者の適格審査・各種メディア（新聞、雑誌、ラジオ）・芸術（映画、演劇）・宗教（神道、仏教、キリスト教、新興宗教）・世論調査・文化財保護等、教育及び文化に関する極めて広範囲にわたる諸改革を指導し、監督した。（Wikipedia より）共産主義者ハーバート・ノーマンが主導して左傾化が推進された。

して、知的面や心理面に介入する大規模な洗脳政策をとったわけだ。

対照的に、占領地統治の方法としてオランダは、インドネシアの植民地支配を行った三百年以上もの間、教育の機会を全く与えない愚民政策をとった。日本は台湾と韓国においては多大の予算を投じて自由な教育を振興せしめて住民の知的水準を上げる政策を取った。

このWGIPの筋書きは、ベネディクト、ホルトム、及びゴーラーなどの分析を採用したものだが、なかなか巧妙な筋書きだった。日本国民をして、**軍国主義者という同胞を持ってしまって近隣諸国に迷惑をかけたのは、誠に恥ずかしいことであったので、連帯責任があると思い込ませることにしたのである。**日本人が外からの批判を強く意識し、贖罪の意識が強いという「恥の文化」を実に巧妙に活用したものだ。

そして、〝日本国民は、本当は悪くない〟のだが、〝同胞の軍国主義者が間違った判断と行動をとってしまって、近隣諸国に筆舌に尽くせない迷惑をかけてしまった〟のだから、その行動の責任を連帯して取らなければいけないと自発的に発想し、かつ真摯に謝罪を続けることが必要であると考えたのだ。

第四節　極秘命令による言論統制

●戦略諜報局（OSS）版『太平洋戦争史』

昭和二〇（一九四五）年、日本がポツダム宣言を受諾する約二カ月前、すなわち六月一一日より数次にわたり米国の国務・陸軍・海軍三省調整委員会[12]（State-War-Navy Coordinating Committee＝SWNCC）が開催された。情勢分析によって日本がほどなく降伏するであろうことは、この時点ではっきりと分かっていた（従って原爆投下の必要性などは全く無かったのだ）。

その結果は、終戦後に「日本敗戦後の初期対日方針（U.S. Initial Post-Surrender Policy for Japan）」としてGHQに発令された。これにより、米国にとって有害な情報は全て排除し、かつ米国が信奉する理念についての情報と知識の伝播を行うという遠大な総合計画がまとめられた。後のWGIPである。

WGIPのコミュニケーション・コントロールは**極秘裏に推進されたから、日本人は自分たちが洗脳されつつある事実に気付かなかった**。GHQは、終戦直後の昭和二〇（一九四五）年一二月八日から、全国の新聞に日本軍の残虐行為を強調した『太平洋戦争史』を十回にわたって連載せしめた。この連載に協力しない新聞社に対しては、新聞用紙の特配が割り当てられなかったから、日本中の新聞社が連載した。それは次の文章で始まった。

12）国務・陸軍・海軍三省調整委員会（ＳＷＮＣＣ）：略称スウィンク。一九四四年一二月に設置された米国連邦政府の委員会。第二次世界大戦終結後の枢軸国の占領などに関わる政治的・軍事的諸問題の処理を目的としていた。SWNCCは国家安全保障会議の前身で、軍事部門と民生部門との連合組織であった。

「日本の軍国主義者が国民に対して犯した罪は枚挙にいとまがないほどであるが、そのうち幾分かは既に公表されているものの、その多くは未だ白日の下に曝されておらず、時のたつに従って次々に動かすことのできぬ明瞭な資料によって発表されて行くことになろう」（現代仮名遣いに変更）

内容は、満洲事変以降のいわゆる十五年戦争を日本の侵略戦争であると位置づけ、南京で〝二万人〟の虐殺を行ったという犯罪性を強調して批判した。その他、戦争中に日本軍が行ったとする数々の残虐行為を批判し、日本軍を不当に貶めて米国の立場を美化して主張するものだった。南京で虐殺されたと称する数は、その後徐々に増え続けて、ついには習近平の国際社会における演説では、〝三十万人〟にまでエスカレートしてしまった。

これを書いたのはＣＩ＆Ｅのブラッドフォード・スミス企画課長だった。スミスは戦前に立教大学で五年間ばかり英語を教えていたことがあるが、学者でも調査マンでもなく、戦時プロパガンダの専門家であった。彼にとっては真実の追及よりは与えられた占領目的の実現の方が重要であった。

この『太平洋戦争史』の基になったのは、一九四三年に戦略諜報局（ＯＳＳ）が作成して米国務省が発表した『平和と戦争』という米国史観によるプロパガンダ文書だった。ＧＨＱは、文部省に対して『平和と戦争』という、歴史認識の多様性と相対性を認めない一面的なプロパガンダ文書を歴史の教材として使用するように命じたのだ。

●ラジオ放送『真相はかうだ』

『太平洋戦争史』の歴史認識は、昭和二〇（一九四五）年一二月九日より始まった『真相はかうだ』（後に『真相箱』に改名）というラジオ番組によって引き継がれ、昭和二三（一九四八）年一月まで二年間にわたって放送された。日本国民に浸透させることを目的としてドラマ仕立てにされた番組だ。GHQ文書には『真相はかうだ』の放送目的が次のように書かれている。

「日本国民に対し、戦争への段階と戦前の真相を明らかにし、日本を破滅と敗北に導いた軍国主義者のリーダーの犯罪と責任を日本の聴取者の心に植え付ける」

この番組の元になったのは「今だから話せる」と題した、英国で好評を博した番組だ。第二次世界大戦秘話とでもいうべき物語仕立ての番組であった。これを基にして脚本を書いたのはGHQのCI&Eのラジオ課だった。

満洲事変から終戦に至るまでのいわゆる軍国主義者の犯罪や、国民を裏切ったと称する人々を糾弾する「白日の下に偽りない事実」という触れ込みで、真実性が前提だったのに実はプロパガンダに過ぎない誇張とウソが多い番組だった。

番組がGHQの製作になることは秘密になっていたので、これをNHKの自主製作番組と誤解した聴取者から、見方が一方的に過ぎるという抗議が殺到した。ＧＨＱは、抗議の内容を検討して内容のどぎつさを和らげて、日本軍の良いところも取り混ぜるようにして本当らしさを補強した。

更に、質問箱や真相箱に形を変えて抵抗感を減らし、より受け容れられやすいものにするなどの工夫も凝らした。ただし、この番組を批判的に論評した雑誌の対談記事などは、すべて次項に述べる検閲により「占領政策全般に対する破壊的批判である」という理由で全文削除を命令された。

こうした洗脳作業は、後述するように検閲と焚書による「言論表現の自由」の禁止、宣伝映画、公職追放、東京裁判の強行、教育による自虐史観の刷りこみ、および迎合する日本のマスコミや学者たちの反日的活動と相まって、実に効果的に推進された。

日本の敗色が濃くなってきてからの大本営発表が、序章に述べた通り、嘘ばかりだったことが暴露された。日本国民は、驚きと怒りの中ですっかりＧＨＱの作り話を事実と思いこんでしまったのである。ＧＨＱの作り話の中には真実の部分もかなりあったので、有効な隠れ蓑となったのだ。実に巧妙なプロパガンダであった。

●「言論表現の自由」の制限

連合国軍最高司令官訓令第三十三号（SCAPIN―33）は、GHQの命により日本政府の手で「日本に与える新聞遵則」または「日本出版法」として法制化された。これにより昭和二一（一九四六）年には「削除または掲載発行禁止令」いわゆる**プレスコード**として実施され、**三十項目に及ぶ検閲指針**がまとめられた。内容を見るとGHQが警戒したテーマが良く分かる。同様にラジオコード、映画コードも実施されて、日本人の伝統的価値観である〝忠義〟や〝復讐〟をテーマとしたものは全て上演禁止になった。

この「日本出版法」の冒頭には、「連合軍最高司令官は、〝日本に言論の自由を確立せんが為に〟茲《ここ》に日本出版法を発布す。本出版法は言論を拘束するものに非ず。寧ろ日本の諸刊行物に対し言論の自由に関し其の責任と意義とを育成せんとするを目的とす」という文言があった。**言論制限の命令を「言論の自由」の名目**で発令するとは、あきれたブラックジョークだ。

三十項目の内容は、極めて示唆に富む興味深い項目ばかりだ。すなわち、一、連合国最高司令官又は総司令部への批判、二、極東国際軍事裁判への批判、三、GHQが日本国憲法を起草したことに対する批判、四、検閲制度への言及、五、米国合衆国批判、六、ソ連批判、七、英国批判、八、朝鮮人批判、九、中国批判、十、その他の連合国への批判、十一、連合国一般への批判、十二、満洲における日本人取り扱いについての批判、十三、連合国の戦前の政策に対する批判、十四、第三次世界大戦への言及、十五、冷戦に関する言及、十六、戦争擁護の宣伝、

十七、神国日本の宣伝、十八、軍国主義の宣伝、十九、ナショナリズムの宣伝、二十、大東亜共栄圏の宣伝、二十一、その他の宣伝、二十二、戦争犯罪人の正当化および擁護、二十三、占領軍兵士と日本女性との交渉、二十四、闇市の状況、二十五、占領軍軍隊に対する批判、二十六、飢餓の誇張、二十七、暴力と不穏の行動の煽動、二十八、虚偽の報道、二十九、GHQまたは地方軍政部に対する不適切な言及、三十、解禁されていない報道の公表。以上である。

この三十項目には、批判をすることを禁止するだけでなく、〝言及〟することも〝論評〟することさえも、許されなかった項も多かった。これを言論弾圧といわずして何と言ったら良いのだろう。一般の日本人は、こうしたことが行なわれていたなどということは一切知らなかったのである。これが、連合国が日本に教え込もうとした「自由と民主主義」の実態である。もちろん戦後に頻発した占領軍将兵による婦女暴行事件などは、この言論抑圧により全く報道されなかった。

この検閲と言論統制は、昭和二〇（一九四五）年九月一五日と一七日の朝日新聞の記事差し止めと業務停止命令をきっかけとして、日本中に猛威を振るい始めた。一五日の朝日新聞の記事は鳩山一郎による「原爆は国際法違反の戦争犯罪だった」という趣旨の談話、一七日の記事は「求めたい軍の釈明、〝比島の暴行〟発表へ国民の声」という記事がそれぞれ問題にされて、朝日新聞は二日間の業務停止命令を受けた。

以後、朝日新聞は全社的な懺悔を行い、その傾向は現在においても続いている。更に、朝日新聞の当時の骨のあるシニア・ジャーナリストは全て追放されてしまい、代わって左傾思想を持った若手が大量に昇格して重要ポジションを占めた。そして徹底的に〝改心と心変わり〟を行って自虐史観および空想的平和主義に転じた。

こうして、朝日新聞は当時から現在に至っても、なお日本を貶め続けている。なお、後述するように朝日新聞は平成二六（二〇一四）年八月五日付の紙面で、慰安婦問題の報道についての誤りを認めて記事を取り消したが、その後も相変わらずの左傾ぶりを発揮し続けて〝朝日新聞らしさ〟を貫いている。

一九四五年九月一五日には、アメリカ陸軍対敵諜報部の民間検閲主任ドナルド・フーバー大佐が、日本の河相達夫情報局総裁、大橋八郎日本放送協会会長、古野伊之助同盟通信社を呼びつけた。

そして同盟通信社が行った連合軍に批判的な報道に関連して、「マッカーサー元帥は報道の自由に強い関心を持っている。しかし、お前たちは報道の自由を逸脱する行為を行っており、報道の自由に伴う責任を放棄している。従って元帥はより厳しい検閲を指令された。元帥は日本を対等とは見做していないし、**日本はまだ文明国入りする資格はない**、と考えておられる。今後は新聞、ラジオに対し一〇〇％の検閲を実施する。嘘や誤解を招く報道、連合軍に対するいかなる批判も絶対許さない」と強い口調で申し渡した。

マッカーサーへの非難、攻撃の記事は特にご法度だった。例えば、時事通信社が「マッカーサー元帥を神の如く崇め立てるのは日本の民主主義のためにならない」という記事を載せようとしたことがある。一旦は検閲を通過したにもかかわらず、参謀第二部部長のチャールズ・ウィロビーの目に止まり、五万部も印刷して既に発送のために貨車に積まれていたものを、全部焼却するように命じられた。

また、戦前戦中の欧米の植民地支配についての研究書など、実に七千七百六十九種類（冊ではない）もの書物が官公庁、図書館、書店などから没収されて廃棄された。秦の始皇帝が行った「焚書坑儒」と同じことを実行したのだ。もちろん、これも報道されることはなかった。

日本出版法は、同様に制定された放送遵則や映画遵則と共に、昭和二七（一九五二）年四月二八日のサンフランシスコ講和条約発効により失効したが、マスコミ各社の内部では自主検閲の延長に準じる形で長い間悪影響を流し続けた。現在でもその残滓が残っている。

●自主検閲体制による「言論表現の自由」の死

ＧＨＱの検閲体制は「事前検閲から」から徐々に「事後検閲」に移行したが、これが実に効果的だった。事前検閲ならば、新聞社や出版社は校正刷りを二部ＧＨＱに提出して検閲を待って、もし不許可になったら問題部分を削除するなどして改善し、改めて検閲をパスしてから発行をすれば良かった。

ところが、事後検閲になると出版物を完成してから提出して検閲を受けるので、もし不許可になったら全部を回収しなければならない。大変な費用と手間がかかる。その上、新聞には発行停止処分が加わるから損失は巨額になり、経営問題にまで発展する。

そこで新聞社や出版社は、予め自己検閲体制の整備とチェックを厳重に行って、検閲基準に抵触する可能性が少しでもある部分は予め削除または改変をして、絶対に心配がないようにしてから、印刷発行してGHQに提出するようになった。

「事後検閲」体制は、企業の自己防衛の必要から必然的に「事前の自主検閲」体制を生んだ。これは、当のGHQも驚くほどの効果を上げた。GHQ側には全くの費用は生じないし、内容のチェックもGHQが自ら行うよりもはるかに厳しいものになった。

新聞社や出版社にとっては莫大な費用が全て無駄になるかどうかの重大事なのだから、安全のために余裕を見て厳しくするのは企業としての経営上当然のことであった。しかも、自主検閲であるから、実質的にはGHQの命令による言論統制であっても全く痕跡も証拠も残らない。

通常であれば、これほどの言論統制を外来の権力者が行えば必ずレジスタンス運動が起こるものだが、これは自国民が自ら行った自主統制であるから、抵抗運動の起こりようがないのだ。

この、自主検閲体制の実施によって、日本の言論の自由は完全に死んだといってよい。

ここに述べたGHQによる「言論表現の自由」の制限は、公式には昭和二七（一九五二）年のサンフランシスコ講和条約の発効によって失効した。しかし、この事前の自主検閲体制は、占領体制が終わってからも、現在にいたるまで続いており、マスコミ報道の異常性の基となっている。この傾向は新聞、出版界のみならず、学者を含むあらゆる文筆家、著述者の精神状態にまで入り込んだ。後述する日本のアカデミズムの堕落の原因の一つとなっている。日本製の『永久革命の種』と言っても良いだろう。

GHQのこうした検閲体制はもちろん憲法違反でもあった。米国が日本に強制的に押し付けたマッカーサー憲法は、昭和二二（一九四七）年に施行されたが、その第二十一条は「集会、結社及び言論、出版その他一切の表現の自由は、これを保障する。検閲はこれをしてはならない。通信の秘密は、これを侵してはならない」と規定している。米国は自分が押し付けた日本国憲法にも違反していたのだ。

なお、WGIP体制に協力して、これに従事して母国を裏切った日本人の数は数千人とも数万人とも言われている。「GHQ勤務日本人検閲者のデータベース―漢字名の判明した数百名の多様な証言[13]」によれば延べ一万四千人は存在していたであろうと言われている。故渡部昇一氏は、彼らを「敗戦利得者」と呼んでいる。

13）山本武利氏調査によるＷＧＩＰ協力日本人：山本武利氏はＮＰＯ法人インテリジェンス研究所理事長（http://www.npointelligence.com/studies260531_Yamamoto.pdf）

検閲作業には高度な知的作業を伴うから、かなりの高給を支給されていたに違いない。もちろん人件費は日本政府が負担した。講和条約が締結されて検閲体制が終了した後には、彼らはGHQの世話で官庁（特に文部省）、研究機関、大学、新聞社、出版社などに転職した。歴史認識のチェックと検閲を担当した者の中には、東京大学の歴史学の教授に就任した者もいるとのことだ。現在の文科省による偏向した教科書検定の実情を見ると、代は替わっても敗戦利得者の伝統は同省に延々と残っているとしか思えない。

現在に至るまで自らその過去を公表した人間はいない。日本と日本人に対する裏切り行為を自覚しているからであろうか。

●映画による洗脳

映画も洗脳の有力な手段となった。民間情報教育局（CI&E）が映画会社に撮影資材の特配をちらつかせて半ば強制的に占領政策に迎合的な長編映画を製作させた。明確にそれと分かっているだけでも九本に上り、これを三千万人以上の日本人が鑑賞している。いずれも一部の政府の人間と軍国主義者が侵略戦争を強行し、そのために無辜の国民が筆舌に尽くせない苦労を強いられるが、それに耐えて雄々しく立ち上がるという粗筋だ。

奨励されたストーリーは十パターンに上る。すなわち、平和国家建設物語、復員兵士の復帰、

タイトル	製作映画会社	封切り日（昭和）	観客動員数
犯罪者は誰か	大映	20.12.27	約 300 万人
喜劇は終りぬ	松竹	21.1.10	約 350 万人
大曾根家の朝	松竹	21.2.21	約 400 万人
民衆の敵	東宝	21.4.25	約 200 万人
人生画帖	松竹	21.7.18	約 300 万人
命ある限り	東宝	21.8.1	約 200 万人
鸚鵡《おうむ》は何を覗いたか	東宝	21.8.8	約 350 万人
わが青春に悔なし	東宝	21.10.29	約 400 万人
戦争と平和	東宝	22.7.22	約 550 万人

民間情報教育局（ＣＩ＆Ｅ）が映画会社に作成させた長編映画一覧

出典：『米国が占領期に行ったこと』高橋史朗　致知出版社　平成二六年　百一ページ（ミネルヴァ書房）

占領軍の捕虜だった男の復帰、戦後の諸問題の解決物語、労働組合を助長するもの、政治への責任感促進、政治意識高揚もの、個人の人権尊重、寛容と尊厳推進、自由と議会政治推進に尽力した歴史的人物、についてのものだ。

逆に禁止された筋書きは十三パターンに上る。すなわち、軍国主義賛美、仇討もの、国家主義的、愛国主義的、歴史歪曲、人種／宗教的差別、封建的忠誠心の賛美、自殺是認、婦人の堕落と圧制、残忍非道な暴力、反民主主義、児童搾取、ポツダム宣言／ＧＨＱ指令の批判、である。

占領政策の一環として作られた映画には上記の表のものがある。いずれも名画として人々の記憶に長く残った。東宝『わが青春に悔なし』（監督：黒澤明。配役：原節子、藤田進、大河内傳次郎、杉村春子）は京大の滝川事件とゾルゲ事件をモデルにしたものだが、筆者は感激して何回も見たものだ。封切りの年には筆者は十二歳で、この映画が理解できるほどませてはいなかったと思うので再映を見たものだろう。もちろん、ＷＧＩＰの一環であったなどとは知る由もなかった。

■**公職追放**

公職追放は、民政局（ＧＳ）のコートニー・ホイットニー局長[14]（弁護士、法学博士）と、チャールズ・Ｌ・ケーディス次長[15]が担当して実施された。追放者の人選はケーディスが中心となり、ハーバート・ノーマン（カナダの歴史学者で共産主義者。後述）が協力した。

まず、昭和二〇（一九四五）年一〇月に発せられた指令によって、内務大臣、警察幹部、特高警察だった者が罷免された。更に政治家（地方政界を含む）、官公庁の幹部公務員、教職員、財界人、言論界などのリーダー的な立場の人間が次々に追放された。

続いて翌年の一月四日付の連合国最高司令官覚書「公務従事に適しない者の公職からの除去に関する件」により、以下の「公職に適せざる者」とＧＨＱが認める者を改めて追放することとなった。すなわち、戦争犯罪人、職業軍人、超国家主義団体などの有力分子、大政翼賛会などの政治団体の有力指導者、海外の金融機関や開発組織の役員、満洲、台湾、朝鮮などの占領地の行政長官、その他のいわゆる軍国主義者、超

14）コートニー・ホイットニー局長：米陸軍准将で弁護士、法学博士。ＧＨＱの憲法草案制定会議の責任者。
15）チャールズ・Ｌ・ケーディス次長：米国の軍人・弁護士。日本国憲法制定に当たっては、ホイットニー局長の元でGHQの草案作成の中心的役割を担った。ハーバード大学法科大学院を卒業後、弁護士となり、やがて米・財務省に入省してニューディール政策推進に尽力した。

国家主義者たちである。

この追放によって政界、言論界、学界、実業界、その他各界の保守層のリーダーたちの大半の約二十万人が追放されてしまった。その後に入り込んできたのは、それまで日の目を見なかった若年層および社会主義、共産主義系の勢力やそのシンパだった。ただし、実務面における弊害があまりにも大きく、かつ一般の反感も強かったので、相当数が第一次及び第二次（一九五二年）「公職追放令廃止法」により復帰した。

教職追放もあった。師範学校出身のシニア教職員約十一万人が狙い撃ちにされた。軍国教育をやっていたという密告により追放された教職員も多かったという。代わりにＧＨＱに推奨された日教組の、今や教育者から単なる「労働者に変身した教員」が昇格して教育現場の中枢に入り込んだ。それらの左傾教職員が教壇に立ち、その教え子たちも次世代の教壇に立って日本の教育は益々左傾化していったのである。

こうした大規模の追放の結果として、社会主義者の片山哲が昭和二二（一九四七）年五月に首相になった。日本で初めての社会主義者の首相である。片山は社会民衆党結成に参加して同党書記長を務めた。こうした社会党の台頭は、日本の保守主義者たちを追放しすぎたために起きた現象だった。

第三章　堕ちた偶像、マッカーサー元帥

第一節　人物概要

●マッカーサーのイメージを塗り替えよ

マッカーサー元帥は、ＧＨＱ総司令官として滞日中に日本人の心の中に実に強烈な『永久革命の種』を植え込んだ。本章の目的は、読者の皆さんにマッカーサーに対して多くの日本人が抱いてきたに違いない「尊敬」の念や「親近感」をキレイサッパリと捨て去って頂くことである。彼の印象を若干修正したり、考え直したりする程度の生易しいものでは不十分である。これは日本人が誇りを取り戻すためには、どうしても欠かすことができない過程なのだ。

ただし、これはあくまでも既に歴史の中に埋没されてしまった事件であることも同時に心得て頂きたい。今更、故人のマッカーサーを憎悪して軽蔑し返しても何の益はない。むしろ、現実の国際情勢はそうしたものであったこと、その中で如何に日本がナイーヴであったかということを理解して、その愚を繰り返さないように努めれば良い。

むしろ、日本人はそうした歴史の大きな流れの陥穽の中にたやすく埋没して、戦後七十余年もの間、流されっぱなしで来てしまったことこそを恥じるべきである。そして、その経験を将来に向けて役立たせるべきである。

●マッカーサーの催眠術から覚醒しよう

占領時代のＧＨＱは、日本国民のマッカーサーについてのイメージを良好に保つことに神経をとがらせていた。マッカーサーの存在を光り輝くものとして、なんとか日本人に尊敬させようと腐心していた。帽子をかぶっていない写真は「威厳を欠く」として新聞への掲載を許さなかったほどだ。一種の催眠術といって良いだろう。

しかし既に多くの研究が進んで、これまでほとんどの日本人が知らなかったマッカーサーの素顔が、次々と明らかになっている。マッカーサーが日米戦争末期において日本人を全滅させる作戦（後述のダウンフォール作戦）を強硬に主張した。また、日本人への憎悪から戦場における捕虜(傷病兵が多かった)の一律銃殺を命令したが、見かねた副官がやめるように諫言した。

こうした捕虜虐殺の事実については、『翼よ、あれがパリの灯だ』を書いた冒険飛行家のチャールズ・リンドバーグが、『リンドバーグ第二次大戦日記』に書いている。彼は、自分と同じ米国人がどうしてあんな残酷なことができるのかを悲痛な筆致で描いた。彼の著作は、第二次大戦は恐ろしいばかりの西欧文明の崩壊であったことの証言であった。

なお、投降した兵を「捕虜として受け入れない」でその場で射殺するのは、現在では明らかに戦時国際法違反である。しかし、当時の国際法の現実的解釈として、捕虜受け入れ側にもそれができない戦場での特殊事情もあったはずなので、無理やり戦闘行動の延長と見做して国際法のグレーゾーンとして特に表立って問題にはしなかった。敵の病院船を撃沈してしまったケースの扱いなどと共に、戦時国際法の歴史の恥ずべき場面である（但し、敗者のそうした行為は裁判にかけて厳重に罰した）。

日本兵の投降者には傷病兵が多かったので、戦場で彼らを人道的に扱うのは極めて負担が大きかったことは分かる。しかし、一律に射殺したり飛行中の航空機から一人ずつ投げ殺したりするのはいくら戦争中でも残虐に過ぎる。もちろん、マッカーサーは勝者だからこうした行為は厳秘に付されており、裁かれることはなかった。

ダグラス・マッカーサー

マッカーサーは、更に極東国際軍事裁判を仕組んで自己の私怨を正義の衣で包んだ。その他にも数々の負の遺産を残した。その中でも、単なる占領基本法に過ぎない文書を「日本国憲法」として押し付けたこと、特にその中で日本が再び強国として国際社会に復帰することが絶対にないように戦力の保持を禁止する条項（九条第二項）を押しつけたことは特に罪が深い。

もちろん、それを有り難く押し戴いて戦後七十余年も改正もせずにほうっておいたのは日本国民である。しかし、超硬性憲法であったこと、及びGHQが政策的に極左暴力革命主義者を放獄して、左翼の跳梁を許したことも大いに関係がある。いずれにせよ、このエセ平和条項は、日本をして平和主義で世界に貢献せしめようなどという高邁な思想によるものではなく、このために日本が滅んでしまう場面に遭遇しても構わないとして押しつけた懲罰的条項であることを日本国民は知るべきである。別途、章を改めて詳述する。

これらの事実を知れば、マッカーサーに対して尊敬の念と親近感を持ち続けてきたことが、日本人として如何にバカバカしい自己否定であったかが分かることであろう。彼の真実の姿は、日本人が信じ込まされた「日本に民主主義を教えてくれた親愛なるマッカーサー元帥」という姿とはほど遠い正反対のものだった。今、日本人はマッカーサーに教えられたり与えられたりしたことをキレイさっぱりと忘れて、ほぼ真逆の方向に進まなければならないのだ。

■略歴

ダグラス・マッカーサー（Douglas MacArthur　一八八〇～一九六四）は、最終階級は米陸軍の元帥、かつフィリピン陸軍の元帥でもあった。ウェストポイントの陸軍士官学校にトップの成績で入学し、在学中も成績抜群で首席で卒業した。

彼の華々しい経歴は、一九三〇年にハーバート・フーヴァー大統領により、アメリカ陸軍最年少の五十歳で参謀総長に任命されたことから始まる。三五年に参謀総長を退任して少将の階級に戻ったが、乞われてフィリピン軍の軍事顧問に就任した。更に四一年にはルーズベルト大統領の要請を受けて、再び米陸軍中将として現役に復帰して、同年一二月には大将に昇進した。

一九四一年に始まった第二次世界大戦においては、フィリピンで日本軍と対峙したが、戦況が不利になったので、〝I shall return.〟の言葉を残して豪州に退却した。翌一九四二年には南西太平洋方面の米軍、豪軍、英軍、オランダ軍を統括指揮する南西太平洋方面最高司令官に任命され、日本の降伏文書調印の日までその地位にあった。終戦後の日本に於いては連合国軍最高司令官を務めた。

現役を退任後には、母校の陸軍士官学校の校長（一九一九〜一九二二）を、更には有名な事務機器メーカーのレミントンランドの会長を勤めた。墓所は、バージニア州ノーフォークにある。

●フィリピン時代

マッカーサーの父はフィリピンの米軍の初代総督で、彼自身もフィリピンで家族と生活していた。一九四一年一二月の真珠湾事件に始まる日米戦争の当時、マッカーサーは在フィリピン米陸軍の総司令官だった。日本軍と対峙した当時の戦力は、米軍約十五万人に対して日本軍はその三分の一にも満たない四万三千人であった。

戦況についてはマッカーサーは楽観していたが、日本軍は意外にも頑強で、初日の爆撃で大きな成果を上げて在比の米航空戦力はほとんど壊滅状態にまで追い込まれてしまった。

●屈辱のフィリピン脱出

マッカーサーにとっては、黄色人種の日本人がかくも見事に航空機を操縦して赫々たる戦果をあげたことはとても信じられない出来事だった。ワシントンには「日本軍の戦闘機は、ドイツ人パイロットが操縦していた疑いがある」と報告したほどである。日本軍の侵攻は勢いを増して一カ月あまりで首都マニラを占領してしまった。急な戦況の変化により、米軍の将兵たちは戦意は極端に低下した。

ワシントンは、「このままではマッカーサーが捕虜になりかねない」と危惧して、マッカーサーにフィリピン脱出を命じた。その結果、マッカーサーは魚雷艇に乗って命からがら戦場を脱出し、ミンダナオ島経由でオーストラリアに逃げ延びたのである。自軍の将兵約八万名を戦場に遺棄した恥ずべき行為であった。

その時に残した言葉が、"I shall return."という有名な台詞であった。オーストラリアにおいては、マッカーサーは南西太平洋方面の連合国軍総司令官に就任した。この、日本軍に追い詰められて逃走した経験は、マッカーサーの軍人としての経歴における大きな汚点となった。しかもその汚点をつけたのは、彼が軽蔑していた有色人種で格下のはずだった日本人だったのだから、彼にとっては胸をえぐられるような悔しさであった。

●反撃

彼の悔しさは、戦況が逆転したころから極端に報復的な形で表に現れるようになった。日本軍はガダルカナル開戦における大敗戦をきっかけとして、大きな戦力を失い、サイパンも陥落した。ワシントンは次の段階としては、フィリピンは重点目標とはせずに、台湾への直接進攻を含む日本包囲網を狭める作戦を推進しようとした。しかし、マッカーサーはこれに反対をして、フィリピンへの侵攻を主張してこれを進めてしまった。自分の軍歴に大汚点をつけた日本人への恨みを晴らすためとしか思えない。

まず出だしのレイテ沖海戦においては、今度は日本海軍が大敗し補給路を断たれてしまい、フィリピンの日本軍は完全に孤立してしまった。当時の戦力は米軍が百二十五万人であったのに対して日本軍は四十万人に過ぎなかった。しかし日本軍は執拗に抵抗を続けて、四十万人のうち三十四万人が戦死してしまった。その後も日本軍は各所でほぼ全滅するまで徹底的に抗戦し、終戦までの十カ月もの間耐えたのである。

フィリピン制圧後もマッカーサーの日本への恨みは収まらず、〝I shall return.〟と、逃げ出さざるを得なかった時の日本軍の指揮官・本間雅晴中将、及び復讐戦時の指揮官・山下奉文大将の二人を、弁護人もつけず法律的経験も皆無の部下を裁判官とした裁判を強行した。山下大将は絞首刑に処せられたが、軍服の着用も許されず囚人服のまま処刑された。本間中将は、その後に銃殺刑にされた。マッカーサーの執拗な恨みが、滲み出た処分だった。

●大統領戦出馬

一九四八年、マッカーサーは在日の連合国軍総司令官のまま共和党の大統領候補として出馬したが、惨敗に終わり、共和党の統一候補としての指名は得られなかった。日本ではマッカーサーへの批判記事は検閲で阻止されていたため、選挙戦の情勢を正確に伝えられていなかった。そのため、多くの日本国民は、共和党大会での惨敗に驚愕した。

共和党の統一候補としてはトーマス・E・デューイが選出された。しかし結局、大統領選挙は現職のトルーマンの再選に終わった。

●朝鮮戦争

一九五〇年六月二五日、北朝鮮が突然に三十八度線を越えて韓国に侵攻して、朝鮮戦争が勃発した。米軍を主体とする国連軍が韓国側に立って戦争に参加し、マッカーサーが在日本の連合国軍総司令官のまま、国連軍総司令官に就任した。マッカーサーは東京を拠点として戦線に赴き、日帰りで東京へ戻るという指揮形態を繰り返したが、この勤務形態がマッカーサーの戦況把握の支障となった。

北朝鮮軍の進撃は予想以上に速く、圧倒され、韓国軍も応援の米陸軍の四個師団も南へと後退し、朝鮮半島の南端まで退却した。しかし、米軍九月にマッカーサー将軍が率いる部隊が仁川に上陸作戦を敢行して、国連軍は北朝鮮軍の分断に成功した。

その後、国連軍は北上して三十八度線まで押し返して、更に一一月半ばまでには鴨緑江に接近しつつあった。ところが、義勇軍の仮面をかぶった十八万人の中国軍が突如参戦して来て、国連軍は一二月一五日までに再び南の三十八度線まで押し返されてしまった。そして五〇年末、共産勢力はおよそ五十万人の兵力を以て再度韓国侵攻を開始した。しかし国連軍の反撃により、前線は三十八度線付近で膠着状態になった。

●連合国軍最高司令官から解任

マッカーサーは三十八度線における戦況の膠着状態を脱するために大規模な増援と、原爆使用も含めた中国東北部空爆を主張した。トルーマンは早期停戦を模索したかったが、マッカーサーはこれを拒否したので、遂にマッカーサーの解任を決断した。

解任の理由は「国策問題について全面的で活発な討論を行うのは、我が民主主義の立憲主義に欠くことができないことであるが、軍司令官が法律ならびに憲法に規定された方式で出される政策と指令の支配を受けねばならぬということは、基本的問題である」とシヴィリアン・コントロール（文民統制）違反が直接の理由とされた。

国連軍総司令官および連合国軍最高司令官の後任には米軍第八軍及び第十軍司令官のマシュー・バンカー・リッジウェイ(Matthew Bunker Ridgway)が着任した。この顛末は後述する。

●人気凋落

解任されてからも相変わらずマッカーサーの政権批判は続いたので、政府や国民の姿勢にも徐々に変化が現れた。一九五一年九月にサンフランシスコで日本国との平和条約が締結されたが、その式場にはマッカーサーは招かれなかった。

吉田茂（一八七八〜一九六七）が、マッカーサーに会いたいと国務省に申し出たが「望ましくない」として拒否された。七年間もマッカーサーの副官を勤めたことがあるアイゼンハワーは、後年第三十四代大統領に就任した。しかし、ホワイトハウスもペンタゴンもマッカーサーに意見を求めるようなことはなかった。

■マッカーサーという人物評

●人物評

一言でいうと、マッカーサーは非常に頭脳明晰であったが、毀誉褒貶の激しい人物であったとのことだ。上司の軍上層部や大統領に対してさえも忠誠心を持つことはなかった。そのため、マッカーサーに対する歴代大統領や軍上層部の人物評は芳しいものではなかった。

ルーズベルトは、「マッカーサーは使うべきではあったが、信頼すべきではなかった」とまで言った。そしてマッカーサーが政治への野心を抱いているのを見抜いて、「ダグラス、君は最高の将軍だが、政治家になったら我が国最悪の政治家になると思うよ」と釘を刺したという話が残っている。

トルーマンの評価はもっと辛辣だった。一九四五年に、未だ会ったこともないマッカーサーを評して、「あのうぬぼれ屋を、あのような地位につけて置かなければならないとは！　何故ルーズベルトはマッカーサーをみすみす救国のヒーローに仕立てあげたのか、私には分からない」とまで言ったという。

朝鮮戦争において マッカーサーの後任として国連軍を率いたリッジウェイ中将も、マッカーサーについて、「自分がやったのではない行為についても名誉を受けたがる」「明らかな自分の誤りに対しても責任を否認する」「強情で論理的な思考を無視して何かに固執する」及び「無誤謬の信念を抱かせた、自分自身に対する自信」などと評し、散々にこき下ろしたという。

もちろん、称賛する意見もあった。彼らはマッカーサーは問題の核心を明らかにする能力を持ち、目標に向かって迅速果敢に行動する積極性を持っていたので、他の人はマッカーサーに強く反駁することは困難であったと実行力を高く評価している。

上司や同僚からの評価は厳しかったが、高い評価や信頼を寄せていた部下もいる。極東空軍司令のジョージ・E・ストラトメイヤー中将は「アメリカ史における最も偉大な指導者であり、最も偉大な指揮官であり、もっとも偉大な英雄」と称えたし、第十軍司令官エドワード・アーモンド中将は「マッカーサーこそ二十世紀でもっとも偉大な軍事的天才である」と雑誌(ライフ誌)の取材に答えている。しかし、マッカーサー側には部下と手柄を分かち合おうという意識はなかったとの事だ。

後に大統領になったアイゼンハワーは、マッカーサーに七年も副官として仕えた経験があり、「マッカーサーは下に仕える者として働き甲斐のある人物である」と一応は能力を認めた。しかし一九三八年にマッカーサーが独断でフィリピン軍によるマニラでの大規模な軍事パレードを計画したことがケソン比大統領の怒りを買った折に、マッカーサーはアイゼンハワーら副官に責任転嫁をしたので、アイゼンハワーは怒り狂ったものだ。

アイゼンハワーは、それ以前から彼に対して重なる数々の不満をもっていたのだが、この事件を境にして、「決して再び、我々はこれまでと同じ温かい、心からの友人関係にはならなかった」と回想している。

第二節　日本壊滅作戦を主張

●本土侵攻作戦の検討

話は、日米戦争の終戦直前の時点に遡る。米国が主導する連合国は本土侵攻による壊滅作戦を検討していた。この作戦の本質は、連合国による日本民族ホロコースト作戦に他ならない。ドイツがユダヤ人を絶滅してしまおうと考えてホロコーストを行ったのと本質的に同じことを連合国は考えたのだ。

もし、連合国が単に大戦を勝利で終了することを目的としたのであれば、日本に対して降伏を勧告しさえすればよかった。既に**日本がそれを模索中であったことを彼らは十分に知ってい**

た。その事実を示す証拠は複数存在する。しかしトルーマン大統領は原爆の威力を世界、特にソ連に見せつける前に日本に降伏してもらいたくなかった。

この辺の事情は別途後述する。この事実を日本人は、軽く考えてはならない。

日本本土侵攻作戦の本格的な検討は、一九四三年八月頃から始まった。それまでに米軍は太平洋地域の制空権を既に掌握していた。そして同年秋からはマッカーサー将軍指揮の陸戦部隊とニミッツ提督指揮の海上部隊による陸路と海路の侵攻作戦が開始された。つまり程なく、陸、海、空における完全な制圧権が確保できる見通しがたったのである。

欧州戦線においても、一九四四年六月のノルマンディー上陸作戦における連合軍の勝利が形勢に決定的な影響を与えた。連合国としては、次は日本が相手だ、とばかりに、日本の本土上陸作戦が現実の可能性として浮かび上がってきたものである。

同年六月には、米海軍はマリアナ沖海戦で日本海軍機動部隊を壊滅させた。続いて翌七月にはサイパンを陥落させて、日本のいわゆる「絶対国防圏」を崩壊させた。かくして同年七月一一日、米統合参謀本部は日本本土侵攻作戦の骨子を策定して、翌四五年一月三一日にマルタ島会談の折にルーズベルト大統領がチャーチル首相に同案の骨子を提示して、原則的な同意を得た。

引き続き米統合参謀本部が統合的に作戦を検討して、一九四五年二月のヤルタ会談直前には作戦計画の概要が完成した。作戦は米、英、豪、その他の英連邦軍に伝達されて了承された。基幹作戦は「ダウンフォール作戦」と呼ばれて、いくつかのサブ作戦、すなわちコロネット作戦（関東地方への上陸作戦）、オリンピック作戦（コロネット作戦を支援するための九州南部上陸と前進基地建設）、パステル作戦（陽動作戦）、及びアイスバーグ作戦（沖縄上陸作戦）から構成されていた。

■本土上陸作戦

●ダウンフォール作戦（Operation Downfall）

「日本本土上陸壊滅作戦」のマスター作戦計画は、ダウンフォール作戦（Operation Downfall）と呼ばれた。この作戦計画については、実は統合参謀本部内で激しい意見の対立があった。

統合参謀本部議長のレーヒ元帥、海軍作戦本部長キング元帥、および陸軍航空隊総司令官アーノルド元帥は、「既に勝敗の目途がほぼついているのだから、これ以上のリスクと犠牲が大きい大規模の作戦は不要である」と反対を唱えた。彼らは、日本軍との各諸島での戦闘、とりわけ硫黄島や沖縄戦における日本軍のすさまじい抵抗を身をもって経験しているので、もしこの

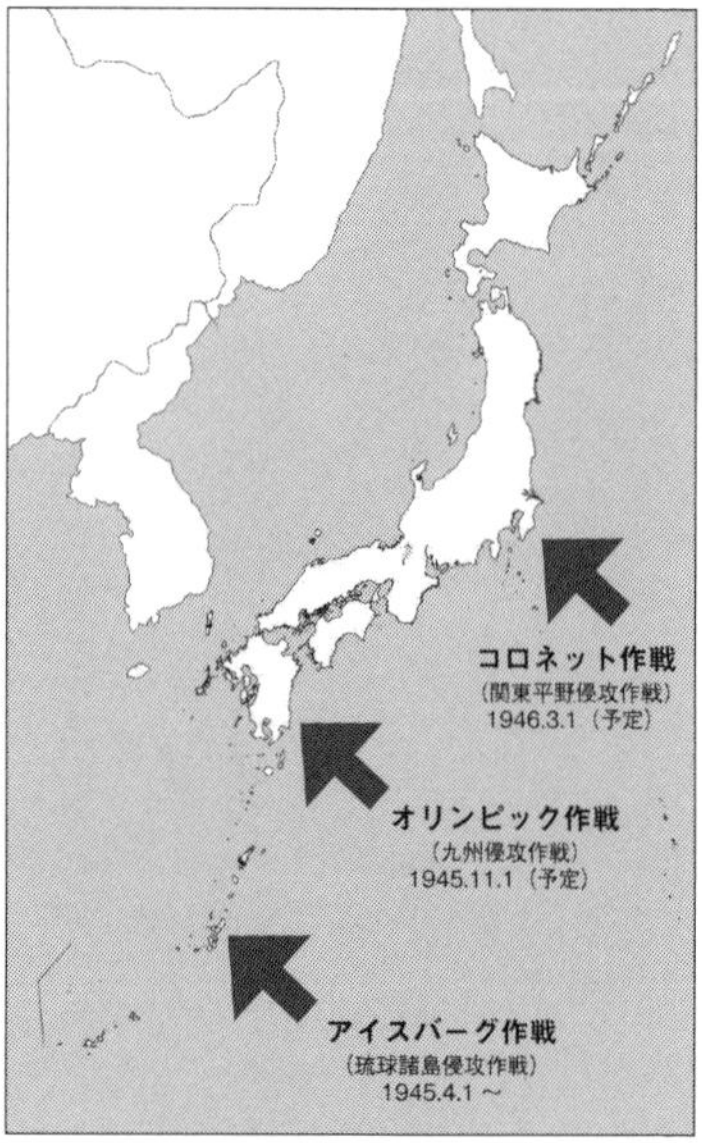

本土上陸作戦

作戦を強行すれば連合国側の損害は甚大なものになるだろうと懸念したのである。

しかし米陸軍のマッカーサー元帥、陸軍参謀総長マーシャル元帥、太平洋艦隊司令長官ニミッツ元帥などは、執拗に本土侵攻による日本壊滅を主張した。そして最終的に作戦は承認され、マッカーサーに対して本作戦の準備の指令が下った。

筆者は決して忘れることができないのだが、**マッカーサーは、日本人を皆殺しにしてでも再び立ち上がることができないように日本を徹底的に全滅させる、つまり日本民族ホロコーストを実行することを主張した**のである。マッカーサーには、将来は日本を平和国家として蘇らせて世界の民主主義促進に貢献せしめようなどという気持ちは微塵もなかった。

作戦のシミュレーションにおいては、日本側の徹底的な抵抗が予想されたので参謀本部は連合国側の人的被害は米軍だけでも百万人とはじき出した。被害予想があまりにも大きいので、トルーマン大統領は驚愕して作戦遂行を逡巡するに至った。

なお、マッカーサーは、この段階においても連合国の人的被害は約五万人に過ぎないだろうとの超楽観的な予想を述べて、終始、上陸全滅作戦の実施を主張した。慎重派の統合参謀本部議長レーヒ元帥は約二十七万人と見積もった。

●クリティカル・ピリオドだった四五年七月

終戦前月の一九四五年七月というのは、実に重要な意味を持つタイミングであった。連合国側は、勝利を確実なものにするためには日本に対して早期降伏を勧告しさえすればよかったのである。国際法違反の原爆投下をして二十万人もの非戦闘員の命を奪う必要などはサラサラなかったのだ。

なお、広島への原爆投下は八月六日、長崎への投下が八月九日、日本がポツダム宣言を受諾したのが八月一五日、そしてソ連が日本の南樺太へ侵攻したのが八月一六日である。その前月の七月には、上記の通り、本土上陸作戦が策定され、トリニティ原爆実験が成功し、ポツダム会談が行われ、トルーマンがルーズベルトのソ連引き込み策を取り消す挙に出始めたのである。

既に述べたように、トルーマンはこの時期に**既に日本がレイムダック状態で和平を模索していた**のを複数の情報ルートを通じて熟知していたのである。重要なことだ。その証拠は幾つもある。

①一九四五年当時、スイス公使館付き武官だった岡本清福《きよとみ》中将は、戦況見通しが暗いことを心配して、スイスの国際決済銀行理事、横浜正金銀行の北村孝治郎、及び国際決済銀行為替部長の吉村侃《かん》に対して和平工作に協力するように依頼した。北村は加瀬俊一[16]スイス公使の内諾を得て、同年七月にペール・ヤコブソン国際決済銀行顧問を介してアレン・W・ダレス[17]OSSスイス支局長と接触した。

ダレスからは、「日本の正式の降伏受諾表明があれば協力する」旨の回答を得たので、岡本中将はその旨を七月一八日に梅津美治郎陸軍参謀総長に打電した。加瀬公使も、ダレスとの和平工作を説明する電報を外務省宛に送った。一方、ダレスも米国の統合参謀長会議や国務長官に宛ててこうした動きがある旨の情報を報告した。しかし、奇妙なことに岡本中将の電報は梅津参謀総長の目に触れなかったようだ。外務省がソ連を介した和平交渉を優先したからと思われる。こういうセンスを小役人根性という。

交渉事の場合には、確かにルートは一本化した方が良い。しかし、こうした重要な意思伝達案件の場合には、あらゆるルートを併用して万全を期した方がよいに決まっている。

16）加瀬俊一（かせしゅんいち）：外交評論家の加瀬英明氏の父君の加瀬俊一（としかず）氏とは同姓同名の別人。

17）アレン・ウェルシュ・ダレス・OSS スイス支局長：Allen Welsh Dulles、（1893 ～ 1969）は、米国の政治家、外交官、弁護士。1953 ～ 61 年、中央情報局（ＣＩＡ）長官。兄は国務長官を務めたジョン・フォスター・ダレス。

②外務省が優先したソ連経由の和平工作は、日本政府が七月一二日に、佐藤尚武在ソ連日本大使宛に、「ソ連に和平の仲介を依頼する特使を近く派遣すると伝えるように」と打電したことに始まる。その暗号電報は即座に解読されて、トルーマンに報告された。

③この他にも米国が日本のレイムダック情報を知っていた証拠はある。米国陸軍大学のコンラッド・C・クレーン歴史研究所長が、論文『米国による日本及び朝鮮半島南部の占領』の中で次の通りに書いている[18]。

「日本がモスクワの日本大使館を通じて和平の打診を行っているという驚くべきニュースを受けて、マッカーサー司令官とその部下たちが、日本の突然の降伏に備えて、命令を受けて占領政策を至急に立案することになった。占領計画の第一版が公表されたのは七月一六日で、駐在する占領軍として二十三個師団を投入することを想定したものであった」

つまり、**米国は七月の時点で既に日本がレイムダック状態で、和平を模索しており降伏が間近であることを知っていた**のは明々白々たる事実なのだ。米国としては、日本に対して停戦または降伏を勧告しさえすればよかっただけである。終戦を早めて米国将兵の人命を救うためと称して原爆を投下して、国際法に違反して非戦闘員の大量虐殺をしたりする必要などは全くなかった。米国にとっては、原爆を投下して、その威力を国際

18）ソ連経由の和平工作：『日本人を精神的武装解除するためにアメリカがねじ曲げた日本の歴史』青柳武彦著　ハート出版　2017　158～159ページ

的に（特にソ連に）知らしめることが最大の目標となったのである。
トルーマンが敢えて和平の早期実現を行わなかったのは、米国が原爆を使用して日本占領後のソ連に対する優越性を確保するまでは、日本に降伏してもらいたくなかったからに他ならない。**トルーマンも、ルーズベルトに負けず劣らずの人命を軽視（人種偏見がある）した大虐殺者であったのだ。**

●コロネット作戦（Operation Coronet）[19]

本上陸作戦の根幹となるもので、上陸地点は湘南海岸（相模川沿いを中心に北進し、現相模原市、町田市域辺りより進路を東京都区部へ進行する計画予定）と九十九里浜から鹿島灘沿岸にかけての砂浜海岸が設定され、首都を挟撃することが予定されていた。上陸予定日はYデーと呼ばれ、一九四六年三月一日が予定されていた。

湘南海岸には米第八軍、九十九里浜には第一軍が割り当てられていた。後述の九州南部を占領する目的のオリンピック作戦によって構築する九州南部の航空基地を利用して、関東地方への上陸を支援する作戦である。

二十五個師団もの大軍団が参加する作戦であり、ノルマンディー上陸作戦を凌駕する最大の上陸作戦となる予定であった。しかし、一九四五年八月一五日に日本がポツダム宣言

19）コロネット作戦：『相模湾上陸作戦—第二次大戦終結への道』大西・栗田・小風著　有隣新書　1995

を受諾して終戦となったので実施の必要が無くなった。

●オリンピック作戦（Operation Olympic）

前述の関東上陸作戦（コロネット作戦）を成功させる準備として九州に飛行場を確保することを目的とした作戦である。作戦決行日はXデーと呼ばれて一九四五年一一月一日が予定されていた。しかし、この作戦も一九四五年八月一五日に日本がポツダム宣言を受諾して終戦となったので実施の必要が無くなった。

作戦では海上部隊は空母四十二隻を始め、戦艦二十四隻、駆逐艦四百隻以上という空前の規模が投入される予定で、宮崎、大隅半島、薩摩半島に上陸することとなっていた。陸上部隊は二十五万二千人の歩兵と八万七千人の海兵隊、合計三十三万九千人から成る十六個師団が予定されていた。航空機に至っては戦闘機だけでも約二千機、欧州戦線から転戦して来る多数の爆撃機が投入可能であった。

九州南部への上陸目標地域においては、マスタードガスを主体とする毒ガス攻撃や、神経ガス（サリン）の使用が検討されていた。もちろん、こうしたNBC兵器の使用はジュネーヴ議定書などの国際法に違反するものであるが、批判を避けるための世論づくりの作業計画が策定されていた。

作戦が中止になったために NBC使用は実施されなかったが、これを記録した極秘資料が後に報道された。報道では、この文書は、日本軍が中華民国内で使用したらしいという疑いや、白人による黄色人種への人種差別感情が、米側の罪悪感を軽減したと指摘していた。
九州南部の占領が終了した暁には、翌年三月に実施される予定の本命のコロネット作戦のための前進基地が建設される予定であった。前進基地は七十二万人の兵員と三千機の航空機が収納できる巨大基地となり、長距離爆撃機のみならず中距離爆撃機も関東平野爆撃の為に出撃する予定であった。

●**パステル作戦**（Operation Pastel）
九州南部へ上陸するオリンピック作戦を支援するための陽動作戦である。連合国軍の作戦目標が上海や高知県にあると見せかけて、日本軍の兵力をそちらへ誘導させる目的であった。直前の陽動作戦として、一〇月二三〜三〇日に、八万人の米第九軍団が高知県沖で、更に英空軍のアブロ・ランカスター隊が「タイガー・フォース」の主力爆撃機によって沖縄から出撃する予定であった。

●**アイスバーグ作戦**（Operation Iceberg）

アイスバーグとは「氷山」の意味だ。米軍の沖縄上陸作戦を意味する。米軍は当初、台湾侵攻に注力していたが、フィリピンに基地を確保する見込みができたために、南西諸島を占領し本土攻略の足場とすることに決めた。

米軍は昭和一九（一九四四）年一〇月一〇日の空襲の折に沖縄本島や周辺離島を入念に空撮して、正確な戦術用地図を作製して地上戦に備えた。第一段階としては慶良間占領と本島西海岸上陸を予定し、第二段階として伊江島占領、更に第三段階として宮古島などの南西諸島全般の占領を計画した。

ニミッツ元帥太平洋艦隊司令官の指揮下にあるバックナー中将の第十軍を主力とするアメリカ軍は、四五年三月下旬から、約一千五百隻の艦船と、五十四万八千人に及ぶ兵員を投下して、沖縄本島中南部や慶良間諸島に艦砲による一斉射撃を行った。

沖縄戦は太平洋戦争末期の昭和二〇（一九四五）年三月二六日から六月二三日の三カ月間に亘って繰り広げられた。米軍は四月一三日には北部を占領し、六月までに南部のほぼ全ての地域を制圧した。

●米国は日本の玉砕、特攻隊などによる必死の抵抗を恐れた

日本軍の幾多の玉砕をものともしない勇敢な戦闘ぶり、特別攻撃隊などの日本の徹底的な抵

抗ぶりによって、連合国は日本壊滅作戦をあきらめざるを得なかったのである。もし、彼らの祖国を護るための勇敢な戦いぶりと尊い生命の犠牲がなかったら、日本と日本人は壊滅という運命から逃れることはできなかったろう。本書を読んでおられる読者は、現在、誰一人としてこの世に存在していなかったかもしれないのだ。

旧日本軍の後継組織である自衛隊と、災害救援に大活躍をしている自衛隊員に対して、日本人は正当な尊敬と信頼の気持ちを持っているであろうか。**日本人一人一人が猛省をする必要がある。日本人が大東亜戦争を必死に戦ったおかげで、日本は壊滅せずに済んだのだし、アジア諸国が独立を果たすことができたのである。**

●日本側の決合《けつごう》作戦

大本営の「一億玉砕」作戦においては、男子十五歳から六十歳、女子十七歳から四十歳まで根こそぎ徴兵した国民二千六百万人を、主力の陸海軍五百万人と共に本土決戦に投入する計画であった（後述するように昭和天皇のポツダム宣言受諾のご決断により計画は中止となった）。

昭和二〇（一九四五）年初期、大本営は本土決戦を想定して本土防衛のための軍の命令系統を二つに分割した。東日本を第一総軍、西日本を第二総軍とし、それぞれの司令部を市ヶ谷と広島においた。広島自体は原子爆弾で壊滅したが担当する九州と四国の軍は健在であった。この分割案は、それぞれ連合国軍の二つの作戦にも対応したものである。

これらの地域では陣地の構築が急ピッチで進められたが、九州では資材不足に加えてシラス台地の掘削が難航し、終戦時でも六〇~八〇%程度の完成率であったといわれる。

究極的には、昭和天皇は御前会議において本土決戦を諦めて、ポツダム宣言受諾を決断された。その理由の一つとして、九十九里浜の陣地構築もできてないことを指摘され、かつ計画に則った防衛体制は望めないであろうとの見通しを述べられたという。

第三節　復讐心で推進された日本占領政策

●『永久革命の種』としての日本国憲法

前述の通り、WGIPの策定に当たって米国政府は、周到な準備を行って日本研究の成果を取り入れた。そして占領に当たっての基本方針を、連合国軍総司令官のダグラス・マッカーサーに示して次のように訓令[20]したが、そこには、将来は日本を民主主義国家として世界に誇ることができる平和を愛し人権を尊重する国家として再生させるべきである、というような理想主義的な言辞は薬にしたくても無かった。

「貴官（マッカーサー）は、適当な方法をもって、日本人民の全階層に対しその敗北の事

20）占領基本方針の訓令：1945年10月2日のＧＨＱ一般命令第四号

実を明瞭にしなければならない。彼らの**苦痛と敗北は、日本の不法にして無責任な侵略行為によってもたらされたものである**ということ、また日本人の**生活と諸制度から軍国主義が除去されたとき初めて日本は国際社会へ参加することが許されるものである**ということを彼らに対して認識させなければならない」

日本は侵略国家なのだから、日本人には苦痛と敗北感はいくら与えても与え過ぎることはない、という趣旨の指令だ。

続けて「彼らが他国民の権利と日本の国際義務を尊重する非軍国主義的で民主主義的な日本を発展させるものと期待されているということを彼らに知らせなければならない」と、一応は美辞麗句を述べている。しかし、彼らが実行した占領政策はこれとは真逆の非民主主義的な政策であったことから判断すると、この箇所は単なる装飾文でしかなかったことが明らかである。

彼らの本音は、その後に続く「貴官は、**日本の軍事占領は、連合国の利益のために行われるものであり、日本の侵略能力と戦力を破壊するため、また日本に禍をもたらした軍国主義と軍国主義的諸制度を除去するために必要なものである**ということを、明瞭にしてやらなければならない」という箇所に明瞭に記述されている。

●『永久革命の種』としての日本国憲法

つまり、**米国にとって日本は潜在的脅威であるから、その脅威を根絶することが占領政策の主なる目的であった**のだ。そのために日本を米国に隷属させて日本の政治的、経済的基盤を徹底的に破壊することが重要であるという認識のもとで、占領政策がはじめられたのである。そういう認識があればこそ、マッカーサーは日本国憲法策定において本来ならば占領政策基本法に過ぎない文書を日本国憲法として押し付けたのである。

占領政策基本法では、講和条約が成立して占領期間が終わってしまえば効力がなくなってしまう。マッカーサーは（或いは、彼に命令した米国政府は）、どうしてもこれを日本国憲法と位置付けて、『永久革命の種』として占領目的の完遂のために役立たせたかったのである。

従ってマッカーサーは、そうすることがポツダム宣言にも国際法にも違反していたとしても顧慮するつもりはなかった。そうすることが日本国民の歴史、自主性、主権、文化、文明などの全てを否定するものであっても敢行するつもりだった。また、そのために皇室の取り扱いにまで言及して日本政府を恫喝したのである。

憲法策定の経緯はあまりにも重大なことなので、第二部において章を改めて詳述する。本章においては、彼が押し付けた憲法は決して日本の将来の繁栄と平和を願って策定したものではない事を、本国が彼に与えた占領基本方針との関連において指摘しておくにとどめる。

マッカーサーは連合国軍最高司令官として、憲法策定以外にも数々の占領政策を実施した。

但し一九四六年二月二六日からは、極東委員会が最高の権限を持つに至ったので、特に天皇陛下の処遇や憲法の策定の面において極東委員会とマッカーサーとの間で数々の紛議が生じた。これについても別段に論じる。

●米国の日本占領政策は「根絶の政策」だった

『文明の衝突』で有名な国際政治学者サミュエル・ハンチントン[21]は、著書『軍人と国家』の中で、米国の占領政策は「変形の政策」と「根絶の政策」とに大別されると分析した。ハンチントンは「変形の政策」の例としてドイツを挙げ、ドイツは牧畜中心の農業国家という自由主義的な国家に変形させる政策を取ったと述べた。

対照的に、マッカーサーが日本に対してとったのは、日本から戦力や軍事力を根絶せしめて二度と米国に歯向かって来るなどということがないようにする「根絶の政策」であった。将来、日本が滅んでしまうような事態が生じても、構わないという政策であった。刑法のアナロジーでいえば、日本を滅ぼしてしまえという「未必の故意[22]」が成立する。

更にハンチントンは、有名な著書『文明の衝突』においても、「勝者の文明（正

21）サミュエル・ハンチントン：（Samuel Phillips Huntington、1927～2008）米国の国際政治学者。コロンビア大学「戦争と平和」研究所副所長を経てハーバード大学教授、米国政治学会会長を務めた。研究領域は政軍関係論、比較政治学、国際政治学など広範囲に及び、軍事的プロフェッショナリズム、発展途上国における民主化、冷戦後の世界秩序での文明の衝突の研究業績を残している。

22）未必の故意：刑法において、犯罪事実の発生を積極的には意図したわけではないけれど、自分の行為からそのような事実が発生するかもしれない（或いは発生しても止むを得ない）と思いながら、あえて実行する場合に「未必の故意」が成立する。

当性）は敗者の文明（正当性）を否定する」につながってゆくと指摘した。マッカーサーが憲法に盛り込んだ主張は、決して日本が民主主義国家として再生することでも、日本古来の伝統的文明を更に発展させて固有の文明を築きあげることでもなかった。

それが証拠には、マッカーサーはＷＧＩＰにおいて自ら民主主義とは正反対の言論統制、反対政治勢力の弾圧や追放、焚書など、数々のファッショ政策を秘密裏に導入して推進した。その他、彼が占領期間中に推進した数々の政策は全て民主主義の原理を否定するものであった。神道を否定してキリスト教を盛り立てることにより日本古来の文明を否定することまで敢えて行ったのである。

平成一一（一九九九）年一一月にジョージ・Ｗ・ブッシュ・ジュニアは、「我々は日本を打ち破った国である。その後、食糧を配り、憲法を起草し、労働組合を奨励し、女性に参政権を与えた。日本人が受け取ったものは報復でなく慈悲だった」と言った。これはブッシュが米国大統領選挙へ向けて行った外交演説の最後の結びの部分である。何という白々しさであろう。「根絶の政策」だった対日占領政策がどうして「慈悲」になるのだろう。

しかし、当時の米国民は本当にそう思っていたに違いない。なお、二〇〇〇年の大統領選においては共和党のブッシュ候補が、一般投票数では上回った民主党のゴア候補を破って、第四十三代の米国大統領に就任した。

第四節　日本人を憎み日本文化を蔑んだマッカーサー

●日本人への人種偏見

マッカーサーは日本人に対して極端な人種偏見を持っていた。それは彼のフィリピン時代に日本軍との戦いにおいて舐めさせられた幾多の辛酸によって増幅させられたものと思われる。

彼の日本人観を纏めると、「日本人は劣等感に悩んでいるために他者に対しては幼児的な残虐性と、自分に対しては殺されようが虐待されようが黙って従う隷属性を併せ持っている、従って日本人を効果的に統治するためには、力や権威で操った方が効果的で有効である」というものだった。これは彼が推進した種々の占領政策の中に見て取れる。

マッカーサーは日本滞在中には米国大使公邸に居住して日本人の使用人も多数使っていたが、全て冷遇されていた。監督者として信頼していたのはフィリピン人ボーイのカストロであった。

マッカーサーの妻ジーンによれば、「マッカーサーは、もともと日本の文化には全く興味はなく、日本人の友人を作ろうとは全く思わなかった」とのことである[23]。実際に、マッカーサーの回顧録に出てくる日本人は昭和天皇、吉田茂、幣原喜重郎など数人に過ぎず、

23）『マッカーサー伝説』工藤美代子著 恒文社

ほとんど友人は作らなかったとのことである。妻のジーンも五年の滞日中に日本人の友達は一人もつくらず、皇后陛下からの面談の申し出も蹴ったとのことである[24]。

●日本文化を理解しようとする姿勢は皆無

マッカーサーは日本の伝統や文化を軽蔑しており、畏敬の念を持つどころか、拒否感さえも持っていた。こうした人物が、最高責任者として占領政策を仕切っていたのは日本にとって大きな不幸であった。

マッカーサーは、ジャップの劣った知能には漢字は難しすぎるとして、簡単なローマ字による表記により識字率を高めるべきであると考えた。日本人の識字率は当時既に世界一の高水準にあったなどとは夢にも思わなかったのである。

そして、愚かにも部下のキング・ホール少佐に命じて、漢字を廃止しローマ字化することを立案するように命じた。一九四六年三月、ホールは来日が予定されていたアメリカ教育使節団にローマ字化を勧告させようと働きかけた。ホールは、使節団の来日直前に、「暫定的・言語改革の研究」と題するレポートをとりまとめて使節団に提出した。

そこでは、日本の民主化のためにはローマ字の採用が必要であることが強調されていた。使節団の言語特別委員会は、報告書の起草にあたって、言語改革を取り上げ、「使

24）マッカーサー記念館所蔵 RG- 一三 Papers of Jean MacArthur 一 898- 二 000 Series VII: Oral History 国立図書館にマイクロフィルム所蔵の記録

節団は小学校にローマ字を導入し、教科書を二つの言語で作成することを勧告する」という草案をまとめた。

情けないことに日本人からも漢字交じり文を廃止してローマ字表記に統一しようという意見が表明された。権力者マッカーサーに対するゴマすりである。毎日新聞の如きは、「国語の改革」という社説を発表して、伝統に執着していては文化国家の進歩も向上もないとして、ローマ字化への道を唱えた。しかし、国内で猛然として起こったローマ字化反対運動が奏功して、幸いなことに三月末の使節団の最終報告書の段階では、ローマ字化案に関する部分は全て削除されて、より柔軟な勧告に変更された。

マッカーサーの意図は実現されなかったわけだが、彼はキング・ホール少佐に計画失敗の責任を押し付けて降格させてしまった。原因はマッカーサーの無知と誤解にあったにもかかわらず、失敗の責任を部下に押し付けたのである。マッカーサーは、こうしたことをしばしばやったようで、フィリピン時代に副官だったアイゼンハワーに自分の失敗の責任を押し付けたことが複数回あったそうだ。その為、アイゼンハワーは大統領に就任した後には、終生マッカーサーを信用することがなかったという。

マッカーサーは、漢字廃止だけでなく同時に、「書道の禁止」も進めようとした。マッカーサーは書道を「時間の無駄」と断じ、教育課程の必須科目から格下げしてしまったのだ。マッカーサーが解任された後の一九五一年に「書道作振会」その他の関係団体による根気強い折衝もあって、教科として復活した。また柔道もマッカーサーにより軍国主義的と見做されて禁止されていた時期がある。

日本の伝統美術もマッカーサーはバカにしていたし、鑑賞、評価する能力もなかった。彼は「日本の美術は独自のものであるが、過大評価されすぎだ、生産性も低く創造的な力強さに全く欠ける」と口癖のように言っていた。特に日本刀については全く価値が分からなかった。そのためにマッカーサーは単純な武器保持を禁止するためだけの〝刀狩り〟を行った。そのために国宝『蛍丸』など多数の貴重な日本刀が失われた。軍刀はすべて二十センチに切断されて旧持ち主に返還された。

●マッカーサー解任

マッカーサーは、朝鮮戦争における戦略をめぐってトルーマンに解任され、一九五一年四月一六日に東京国際空港へ向かった。沿道には二十万人[25]の日本人が詰めかけて見送った。衆参両議院はマッカーサーに感謝状を贈呈すると決議したほどである。

そして四月一二日の朝日新聞は次のような、まるで「恋文」（西鋭夫氏の表現による）のような記事を掲載した。朝日新聞が言論弾圧の一番目の被害[26]にあったことなどはま

25）マッカーサー回想録では見送ったのは二十万人ではなく百万人となっている。彼の記憶違いか、大きく言って誇りたかったかのどちらかであろう。

るで忘れた追従ぶりであった。

「われらの敬愛したマッカーサー元帥が、…なぜ一挙に解任されたのであろうか」

「われわれは終戦以来、今日までマッカーサー元帥とともに生きて来た。…われわれと元帥の関係は講和成立の日まで続くものと思いこんでいた。それだけにマッカーサー元帥が総司令官としての地位を去るということは、解任の理由如何を問わず、日本国民の最も残念に思うところである」

「日本国民が敗戦という未だかつてない事態に直面し、虚脱状態に陥っていた時、**われわれに民主主義、平和主義のよさを教え、日本国民をこの明るい道へ親切に導いてくれた**のはマ元帥であった。子供の成長を喜ぶように、昨日までの敵であった**日本国民が、一歩一歩民主主義への道を踏みしめていく姿を喜び、これを激励しつゞけてくれた**のもマ元帥であった」

「元帥の在職六カ年の間に培われた日本の民主主義、平和主義というものは、もはや日本国民のなかに抜き難いものとなっていることは、われわれが多大の感謝の念と、多少の誇りとをもって、マ元帥ならびに連合国に答

26）朝日新聞が蒙った言論弾圧：GHQによる言論弾圧は昭和二〇（一九四五）年九月一五日と一七日の記事差し止めと業務停止命令をきっかけとして、日本中に猛威を振るい始めた。記事は鳩山一郎による「原爆は国際法違反の戦争犯罪だった」という記事で、一七日の記事は「求めたい軍の釈明、“比島の暴行”発表へ国民の声」という記事。朝日新聞は二日間の業務停止命令を受けた。以後、朝日新聞はシニアメンバーが追放に遭ったこともあって、全社的な懺悔を行い、その傾向は現在においても続いている。

えうるものである」

「マッカーサー元帥の、日本占領政策における成功は、マ元帥の解任にかゝわらず永く歴史に残るであろう。…その偉大な功績を決して忘れないであろう」

「マッカーサー元帥によって日本人の心に打ちすえられた民主主義への基盤と方向は変らない。われわれは、たゞこの方向にそって、今までの道をさらに力強く歩きつゞけるであろう」

当時の日本国民の心情はこの「恋文」に象徴的に示されていると思われるが、本章に述べた実際のマッカーサーの素顔との落差が如何に大きいかを見ると、日本国民が如何にお人よしであったかが分かる。日本人は、マッカーサーの催眠術から目覚めるべきである。

第五節　日本人十二歳説

●マッカーサーが公聴会で語った日本に対する〝本音〟

マッカーサーが朝鮮戦争の総司令官を解任された後の一九五一年五月三日から、マッカーサーを証人とした上院の軍事外交共同委員会が開催され、日本についての質疑も行われた。なお、マッカーサーが「大東亜戦争は日本の対共産勢力に対する自衛戦争であった」と証言したのもこの委員会である。

日本統治についての質疑の中で、マッカーサーは「人類の歴史において占領の統治がうまくいったためしがないが、例外としてジュリアス・シーザーの占領と、自らの日本統治があると し、その成果により一度民主主義を享受した日本がアメリカ側の陣営から出ていくことはない」と自画自賛した。

これに対して質問者のロング委員より「ヴァイマール憲法下の共和政でドイツは民主主義を手にしながら、ナチズムに走った例があるではないか」との質問があり、その回答の中に日本人十二歳論があった。

「しかし日本人は歴史は古いにもかかわらず、教えを受けるべき状況にありました。現代文明を基準とするならば、我々（アングロサクソン）が四十五歳の年齢に達しているのと比較して日本人は十二歳の少年のようなものです」

この発言が報道されるにつれ、日本におけるマッカーサーの人気は一挙に冷えきってしまった。日本人はマッカーサーから愛されていたのでも親近感を持たれていたのでもなく、軽蔑されていたに過ぎなかったことが分かってしまったからである。

なお、マッカーサーは、この公聴会の十二歳発言の前にも、「日本人は全ての東洋人と同様に勝者に追従し敗者を最大限に見下げる傾向を持っている。アメリカ人が自信、落ち着き、理性的な自制の態度をもって現れた時、日本人に強い印象を与えた」「それはきわめて孤立し進歩の遅れた日本人が、アメリカ人なら赤ん坊の時から知っている『自由』を初めて味わい、楽しみ、実行する機会を得たという意味である」などと日本人を幼稚と見下げて、「日本人は十二歳」発言よりも強く日本人を侮辱した発言も行っていた[27]。

マッカーサーとの縁を捨てきれない吉田茂は、「元帥の演説の詳細を読んでみると『自由主義や民主主義政治というような点では、日本人はまだ若いけれど』という意味であって『古い独自の文化と優秀な素質とを持っているから、西洋風の文物制度の上でも、日本人の将来の発展は頗る有望である』ということを強調しており、依然として日本人に対する高い評価と期待を変えていないのがその真意である」と好意的な解釈をしていた。

とんでもない。この十二歳発言において、マッカーサー本人は日本を擁護したつもりなのかも知れない。しかし擁護する為なら十二歳などと子供扱いをする必要はなかった

27）多賀敏行『「エコノミック・アニマル」は褒め言葉だった 誤解と誤訳の近現代史』新潮新書 平成16（2004）年

のだ。つい本音がでてしまったものだろう。これでは、ドイツは大人の確信犯で悪事を働いたのだが、日本人はたったの十二歳で、文明、哲学、科学、思想などとは無縁の知能の低い子供だったのだから、〝ついつい悪事を働いてしまった〟という意味のことを述べたことになる。

大東亜戦争の真相は、米国が日本に無理難題をぶつけて無理やりに日本を戦争に引きこんだのだから、〝ついつい悪事を働いてしまった〟のは日本ではなく、四十五歳の成熟した米国だったのだ。何をか言わんや‼　である。

（第一部　終）

第二部　現代に生きるマッカーサーの呪い

第一章　『永久革命の種』と日本人の特性

●日本人の長所と短所

第一部で述べたように、『永久革命の種』がかくも長い期間にわたって日本人の心の奥深くに棲みついてしまった一因は、ＷＧＩＰが日本人の長所を実に巧妙に取り入れて策定されたからである。マッカーサーの呪いは、現代にまで生きているのだ。

本来の日本人は、共同体や人間関係の調和（友好と穏便）を重視し、強い連帯責任感を持ち、遵法及び贖罪精神に富み、礼儀正しく、規律を護り、かつ良く約束を護るという長所を持っている。こういう特性を持つ民族は、過去、現在を通じて世界のどこにも存在しないだろう。これは、マルコ・ポーロ以来の、日本を訪問したり滞在したりして日本人を良く知る、多くの外国人による評だ。

任務を終えて帰国したマッカーサーは、「任地の国民の心まで自由に操れるレベルにまで成功した占領政策は、世界の歴史においてかつてないはずである」と述懐した。傲慢にも、占領中に「（日本人の）心まで自由に操った」と自ら認めているのだ。確かに、たいした成功だ。

もちろんそれはマッカーサーの優れた政治的手腕による所が大きかったことに間違いはないが、それよりも、日本人自身が独自に持っていた特性による部分の方が、はるかに大きかったと筆者は見ている。

しかし、それらの長所は、ある場面では外部からの批判を強く意識して、謙虚に反省をして、潔く謝罪をするという「恥の文化」として現れる。WGIPは、それを巧妙に活用した。〝日本は侵略戦争という悪事を働いたので、米国が正義の鉄槌を下した。日本人はそれを恥じ、かつ謙虚に反省して、連帯して謝らなければならない〟という催眠術が強烈に効果を発揮した。

このように、長所と同じ面が、同時に短所としても現れるという現実がある。別の例を上げると、「武士は食わねど高楊枝」に示されるように感情を表に出さないことが評価される。これは、「雄弁は銀だが沈黙は金」「言い訳をするのは男らしくない」と、雄弁、饒舌が軽蔑される傾向として現れる。

慰安婦問題にしても、「一々言い訳をするのは大人げない」「反駁して相手と仲たがいをしても得るところはない」「黙っているのが大人の態度だ」などと大人ぶっている間に事態は益々悪化していった。平成五（一九九三）年に韓国外務省が「一応、形だけでも謝って見せてくれれば、後は我が方が責任をもって解決する」と言ったことを真に受けて、河野洋平内閣官房長官（当時）が「河野談話」を発してしまった。その後四半世紀もの長きにわたって国益を損じ続けているなどは良い例だ。

更に、極端なほど秩序にこだわる、感情的で好戦的だ、融通が利かずユーモアがない、自虐的だ、同一性が気楽（みんなと同じが好き）など、枚挙に暇がない。

●『永久革命の種』は、ＷＧＩＰと日本人の特性との共同作業

第一部において、ＷＧＩＰを支えて永続的な効果を発揮せしめた心理的かつ社会的な日本人の特性があったことを指摘した。ＷＧＩＰは、そのような日本人の特性を吸収してうまく取り入れたが、それで日本人の特性が費消されて無くなってしまったわけではない。

従って第二部において、筆者が『永久革命の種』という時には、『永久革命の種』そのものと、それを支えて来た日本人の特性の両方を意味しているとご了解願いたい。ＷＧＩＰは、それを策定して広めた米国が主導した占領軍の責任になるものである。しかし、相方の日本人の特性は、日本人だけが責任を持つものである。他者の所為にして逃げるわけにはゆかないのだ。

これまでに述べた通り、ＷＧＩＰに用意周到に仕込まれた『永久革命の種』は、戦後七十余年もの間、日本人の心の奥深い所に棲みついて自律的に再生産を続けた。そこから脱却して、日本人は自らのアイデンティティを取り戻さなければならない。そのためには、現在の日本に

於いてさえも『永久革命の種』に起因する現象が存在して、害悪を流し続けているという事実を、はっきりと認識することが必要である。

意外に思われるような問題が、実は『永久革命の種』に起因していることが多い。例えば「執拗な護憲論」「衰退する科学技術開発力」「欠陥安保法制」「勝ってはいけない自衛隊」「反日国民を生産し続ける教科書」などである。

それにもかかわらず、大方の日本人はそれに気づいていないようだ。本書第二部において筆者は、その事実を明らかにしたい。それが『永久革命の種』に起因していることが納得できれば、その問題点を解決し、あるいは反対や無視することによって、そこから脱却することが容易になると期待できるからである。

●外務省問題

日本人の短所の中でも国益を損じている最たるものは国際性の欠落だ。世界を知らずに日本人の基準で物を考える。外国人も自分と同じ精神構造と風土を持っていると考えてしまうからだ。

外交問題についても、外務省はこうした国際性の欠如現象が目に付けば関係者に事前に指摘して是正する責を負っているはずだ。しかしその肝心の外務省が、国際センスがゼロ、いやマイナスの状態である。政治家が国際的な常識に反する発言や行動をしても、それを制止できないどころか、自らが先頭にたって国際センスのなさを随所に発揮しているのだから救いようがない。何をか言わんやだ。

江藤隆美[28]衆議院議員は平成七年に村山富市内閣で総務庁長官に就任したが、「日韓併合時代に、日本は悪いこともしたが良いこともした」という発言をしたことがある。正しいことを、しかも抑制のきいた表現（但し、日本は悪いことはしていない）で言っただけだったので、村山首相は「厳重注意」で過ごそうとした。

ところが毎日新聞がこれを非難するキャンペーンを張って韓国にご注進に及んだために、韓国外務省も黙っていては毎日新聞に申し訳ないと思ったのか、厳重抗議をしてきた。その上、間近に迫っていた河野外相の訪韓を拒否してきたために、江藤議員は辞任に追い込まれてしまった。その時にも所管官庁の外務省は知らぬ顔の半兵衛を決め込んだのだ。

外務省のキャリア官僚は、最難関と言われる外交官試験（平成一二年までは外務公務員Ｉ種試験といわれていたが、現在では他省庁と同様に国家公務員採用Ｉ種試験合格者から採用される）を突破した、海外の一流大学

28）平成 7 年 10 月 11 日のオフレコ記者懇談における江藤隆美発言の趣旨：「植民地時代には、日本が韓国に良いこともした。日韓併合は強制的だったとする村山富一首相の発言は間違っている。後から日韓併合が無効だったと言うのなら、国際協定は成り立たない。日本は、すべての市町村に学校をたて、ソウルに京城帝国大学をつくり、教育が全く不備だった韓国の教育水準を一挙に引き上げて、鉄道を五千キロも建設し、港湾整備や干拓水利を進め、山には木を植えた。創氏改名には強制性はなかった。韓国人の名前のままで陸軍中将になった人もいる。韓国人が、日本の経済界や芸能界などすべての分野で活動できるようになったことは、日韓併合の効果といえるかもしれない」というものだった。これが『韓国東亜日報』に非難と共に掲載され、日本の『朝日新聞』でも平成 7 年 11 月 8 日に批判的に報道された。（http://www.someya-net.com/01-Tsuyaku/Unit-14/shitsugen.pdf）

に留学の経験もある優秀な官僚のはずなのだが、実は国際センスを持たない、保身策にばかり長けている、坊ちゃん育ちで、特権意識丸出しの、厄介な官僚が多い。困ったことだ。

こうした外務省の問題については、筆者は商社マン時代の海外駐在期間中に何度となく経験し、これまで何冊か拙著の随所で指摘してきた。櫻井よしこ氏の評論『亡国の外務省、徹底批判』[29]や、杉原誠四郎氏著の『外務省の罪を問う』[30]にも詳しい。是非ご参照ありたい。

29)『亡国の外務省，徹底批判』：月刊『Hanada』セレクション「櫻井よしこさんと日本を考える」2016年8月
30)『外務省の罪を問う』：自由社　平成25年刊行

第二章　あまりにも不毛な改憲論議

第一節　天皇陛下の処遇と憲法

●「金太郎あめ」の憲法学者

奇妙なことに日本の憲法学者のほとんど大部分は、自衛隊を違憲と断じながらも護憲にこだわって、改憲に反対している。もし自衛隊が違憲であるならば、自衛隊を廃止するか、もしそれができないのであれば憲法の方を改正するか、どちらかしかないではないかと思うのが普通だろう。しかし、それが憲法論議という高尚そうに響く法律論議の中で、理屈をこねてウヤムヤにされてきてしまったのが実情である。

こうした国家の存亡にかかわる重大事については、甲論乙駁の意見が乱れ飛ぶのが普通で、言論の自由の立場からは健全な環境というべきであろう。ところが、現状ではほとんど全部の憲法学者が、護憲（または改憲反対）と口を揃えて主張しているという、極めて奇妙な情況にある。筆者はこれを憲法学者の「金太郎あめ現象」と呼んでいる。

筆者は、彼らの護憲論は本当の法律論とは縁もゆかりもないタワゴトに過ぎないのであるから、単に無視すればよいと主張するものである。しかし、そのためには、こうした現象が『永久革命の種』の仕業であることを明らかにしなければならないだろう。更にそのためには、問題を終戦後の天皇陛下の処遇問題にまで立ち帰って考察しなければならないとも考えている。

読者の中には、遠回りが過ぎると思われる方もおられるかもしれないが、そうではない。何故ならば、第一部で述べたように、マッカーサーは卑怯にも日本人の国体を維持したいと願う心情に付け込んで、この憲法を押しつけたからだ。いわば皇室を人質に取って憲法を押しつけたのだ。

●フェラーズ報告

当初、米国と連合国は「天皇陛下を戦争犯罪人として処刑する」方針であった。連合国の中でもソ、中、英、豪は特に強硬であった。日本人の中でも、天皇陛下の戦争責任が取り上げられて即刻退位すべきだという意見もあったほどである。

そこで、マッカーサーはGHQ情報頒布部のボナー・フェラーズ准将に対して「天皇陛下の処遇について改めて占領政策面からの研究を行うこと、そしてその結果を十日以内に報告すること」と命じた。

フェラーズは調査と研究の結果、「日本国民が最大の敬意を払うのは天皇陛下」という洞察に確信を持つに至り、昭和二〇（一九四五）年一〇月二日付で概略次のように報告した。

「日本人は、ポツダム宣言は国体の存続を前提として受諾したと考えており、もし天皇陛下を否定されるようなことがあれば、これを最大の屈辱と考えるであろう。そのかわり、それ以外のことならばどんな難題でも耐えると思われる。もし天皇陛下を戦犯として裁判に付せば、統治機構は崩壊して全国的規模の暴動が起こることは必至である。そして、占領軍将兵の暗殺事件が頻発するだろう。それよりは、日本人の天皇陛下への忠誠心をうまく利用した方が、容易に占領目的を達成できると考えられる」

更にマッカーサーは、同年九月二七日に在日米国大使公邸において天皇陛下と面談を行った。マッカーサーは、天皇陛下が命乞いに来たものと思ったという。しかし全く違った。天皇陛下は、「私は、国民が戦争を遂行するにあたって、政治、軍事両面で行ったすべての決定と行動に対する全責任を負うものとして、私自身を、あなたの代表する諸国の採決に委ねるため、お訪ねした。私を絞首刑にしても良い」と述べたという。

マッカーサーは感動して、以後は天皇に対する態度を一変させて、自ら昭和天皇を玄関まで丁重に見送ったと記録に残っている。

●マッカーサーの本国への提案

結局マッカーサーは、全ての事情を勘案の上、昭和二一（一九四六）年一月二五日付で米国陸軍長官と統合参謀本部宛に次のような趣旨の極秘電報を出して、天皇陛下を裁判にかけないようにするとの意見具申を行った[31]。

意見具申は、「もし天皇を告発すれば想像もつかないほどの混乱と動揺が引き起こされるので、事態を鎮めることは著しく困難になるだろう。そうした事態を治めるためには最低百万人の軍隊を半永久的に駐留しなければならないだろう」という趣旨だった。

これを受け取った米国政府は、ショックを受けてさぞかし困惑したに違いない。結局、米国は日本人の精神的武装解除を有効に実施する方策として、このくらいまでは認めてやっても良いだろうと考えるに至り、マッカーサーの案は承認された。

当時、ソ連は天皇を裁判にかけることを強く要求していた。豪州のウィリアム・ウェッブ裁判長も天皇陛下を法廷に立たせるべきであるとの強硬意見を持っていた。しかし米のジョセフ・B・キーナン首席検事は、マッカーサーから事前に天皇を戦犯

31）国会図書館資料「日本憲法の誕生」3-3：（http://www.ndl.go.jp/constitution/shiryo/03/064shoshi.html）マッカーサーはこの電報で、天皇の犯罪行為の証拠なしと報告した。更に、若し天皇を起訴すれば日本の情勢に混乱をきたし、占領軍の増員や民間人スタッフの大量派遣が長期間必要となるだろうと述べ、米国の負担の面からも天皇の起訴は避けるべきだとの立場を表明した。

にせずに占領政策に利用するようにとの命令を受けていたので、裁判において裁判長と激しく対立した。

マッカーサーは、前項で述べたように天皇陛下を戦争犯罪人としては裁判で弾劾しないことについて本国の承認を得ていたにもかかわらず、日本政府に対してはこれを知らせずにおいた。そして、日本政府との憲法問題を含む種々の交渉事において、天皇陛下の処遇問題をチラチラと匂わせて、駆け引きの材料として使ったのである。

第二節　憲法策定

●日本側の憲法草案とマッカーサー・ノート

マッカーサーからの、憲法策定の作業を開始せよとの指示を受けて、日本側は憲法問題調査委員会（委員長：松本烝治[32]。略称、松本委員会[33]）を組織して原案の策定を行った。松本委員長以下の憲法学者の三カ月の懸命の努力を結集した松本草案が、昭和二一（一九四六）年二月一日に毎日新聞にスクープ[34]された。

32）松本烝治：（1877 ～ 1954）日本の商法学者、東京帝国大学教授。1923 年に第二次山本内閣・清浦内閣の法制局長官を務めた。1934 年に斎藤内閣で商工大臣を務め 1938 年の商法等（会社法）改正に尽力した。1945 年に幣原内閣が成立すると憲法改正担当の国務大臣として入閣し、自ら中心となって憲法草案（松本試案）を作成した。

33）松本委員会：松本委員会は、10 月 27 日に第一回総会を行い、同 30 日に第一回調査会を行った。以後、総会は昭和 21（1946）年 2 月 2 日まで 7 回、調査会（小委員会）は同 1 月 26 日まで 15 回開催された。同年 1 月 9 日の第 10 回調査会（小委員会）に、松本委員長は「憲法改正私案」を提出した。この「私案」は、前年 12 月 8 日の衆議院予算委員会で、松本委員長が示した「憲法改正四原則」をその内容としており、委員会の立案の基礎とされた（Wikipedia による）。

34）毎日新聞のスクープ：国立国会図書館資料参照：http://www.ndl.go.jp/constitution/shiryo/03/070shoshi.html

スクープされたのは実は松本草案そのものではなく、松本委員会の内部では比較的リベラルな、「宮沢甲案」と呼ばれていたもので、正式な草案ではなかった。しかし毎日新聞はあたかもこれが最終案の如く装って、これを「あまりに保守的、現状維持的」として批判的に報道した。

その英訳を見たマッカーサーは、「明治憲法の言葉を換えた程度に過ぎないどころか、むしろ悪くなった」と見て〝激怒した〟という。そしてコートニー・ホイットニー民政局長に命じて緊急に対案を作成するように命じた。その際、マッカーサーは、憲法草案に盛り込むべき必須の要件として左記の三項目を提示した。

①天皇は国家の元首の地位にあるが国民の基本的意思による（国民主権とする）。
②戦争は廃止する。自衛手段としての戦争も放棄するし交戦権も与えられない。
③封建制度は廃止する。

このマッカーサー三原則に基づいて民政局に立法、行政、などの分野ごとに起草を担当する八つの委員会と全体の監督と調整を担当する運営委員会が設置された。起草にあたったホイットニー局長以下二十五人のうち、ホイットニーを含む四人には弁護士経験があった。しかし、憲法学を専攻した者は一人もいなかったため、彼らは世界各国の憲法を参考にして、必死になっていわゆる「コピペ（Copy & Paste）」作業を行った。

二月一〇日、最終的に九十二条の草案がまとめられて、マッカーサーに提出された。マッカーサーは一部修正を指示した上で、草案は最終的な調整作業を経て、二月一三日に日本政府に提示された。幣原首相は、二月二一日にマッカーサーに面会をし、その翌日に会見結果を閣議で説明したが、その趣旨は概略次の通りであった。

「マッカーサー元帥は日本のためには天皇陛下をお護りすることが非常に重要であると思っている。しかし極東委員会[35]の対日感情はまだ悪く、天皇を裁判にかけることが必要であると主張している。それを防ぐためにマッカーサー・ノートでは意識して天皇の定義を国家の象徴とし、戦争放棄条項を強調した。マッカーサーは、もし**これを早急に受け容れなければ天皇陛下の処遇は保障できない**と仄めかした」

つまり、**皇室を人質に取って日本を恫喝するという**、**強硬姿勢で日本にせまった**ものに他ならない。これは幾多の資料によって証明されている明々白々な歴史的事実である。多くの日本の憲法学者は、いまだに現行の憲法は決して押し付けられたものではなく、日本が自主的に制定したものであると強弁しているが、この事実をどういうレトリックで「押し付けではない」と説明するのだろうか。

35）極東委員会：連合国が日本を占領するに当たり、日本を管理するため設けられた政策機関。昭和 20（1945）年 9 月に設置されたが、12 月のソ連・米国・英国のモスクワ三国外相会議において、英、米、ソ、中国、和蘭、豪州、ＮＺ、加、仏、比、印の 11 カ国代表で構成されることが決定した。その任務は、日本が遂行すべき義務の基準作成および審議、軍事行動の遂行や領土調整に関して勧告、及び最高司令官の占領軍に対する指揮と日本における管理機構の尊重、となっている。

●**憲法の強要はポツダム宣言にも国際法にも違反**

日本は昭和二〇（一九四五）年八月一〇日にポツダム宣言を受諾すると連合国に伝達した際に、「天皇ノ国家統治ノ大権ヲ変更スルノ要求ヲ包含シ居ラサルコトノ了解ノ下ニ受諾」すると述べて、「天皇を中心とする政治体制は維持する」すなわち国体護持を条件とするとの条件を付した。連合国は、翌一一日に回答を伝えてきたが、その中には「**日本の最終的な統治形態は、ポツダム宣言に遵《したが》い日本国国民の自由に表明する意思に依り決定される**」と明記されてあった。日本政府はこの回答に基づいて御前会議を行ってこのポツダム宣言を受諾することを決定したのである。

一応、**日本側が自主的に憲法を策定したという体裁を整えるために審議を行った形を取った**が、実際問題としてマッカーサーの指示に逆らうことはできなかった。しかし、日本共産党は堂々と意見を述べた。同党の野坂参三衆議院議員は自衛戦争と侵略戦争を分けた上で、「自衛権を放棄すれば民族の独立を危くする」と第九条に反対した。そして、共産党は憲法改正の議決にも賛成しなかった。共産党は、現在、護憲を叫んでいるが、その後どのような心境の変化があったのか是非聞いてみたいものだ。

憲法改正を強要することは、国際法のハーグ陸戦条約にも違反している。ハーグ陸戦条約は、明治三二（一八九九）年にオランダのハーグで開かれた第一回万国平和会議において採択された「陸戦ノ法規慣例ニ関スル条約」並びに同附属書「陸戦ノ法規慣例ニ関スル規則」のことだ。日本は明治四四（一九一一）年に批准した。

その第四十三条には、「国の権力が事実上占領者の手に移りたる上は、占領者は、絶対的な支障なき限（り）、占領地の現行法律を尊重して、成るべく公共の秩序及び生活を回復確保する為施し得べき一切の手段を尽すべし」とある。憲法改正を強要するが如きは明らかにこれに違反している。

●吉田首相が自衛権まで否定

吉田首相は、あろうことか昭和二一（一九四六）年六月二八日の衆議院本会議において、独立国家が当然持っているはずの自衛権まで日本は放棄するという趣旨の問題演説を行ってしまった。

実は問題演説が行われる前に、入江俊郎第四十七代内閣法制局長官（後に最高裁判事）は、吉田首相に九条二項と自衛戦争の関係について次の通りの想定問答を渡してあった。すなわち、「本条第二項（まだ「芦田修正」は挿入されていない）によって一切の軍備を持ち得ず、また交戦権も認められていないのでありますから、自衛権の発動としても本格的な戦争は行い得ぬこととなり、また、何らかの形において自衛戦争的な反抗を行ってもそれは交戦権を伴ない得ぬのであります」という内容のものであった[36]。

いくら『永久革命の種』の影響下にあったとはいえ、その後の自衛力を憲法上で正当化するための悪戦苦闘を考えると、その原因を作った入江長官は法匪と言うべき重罪人であった。独立国家の自衛権は、成文憲法に優先する自然権なのだから、憲法に何と書いてあろうと関係なしに確保されるというのが法理である。しかし、日本の法曹界の欠点は法哲学、自然法の法理、立法論などに弱く、法律の条文の文面を重視しすぎる欠点があるので、それがここに典型的な形で出てしまったのである。

問題の昭和二一（一九四六）年六月二八日の衆議院本会議において、共産党の野坂参三議員から、「独立国家として自衛戦争さえもできないのはおかしいではないか」という趣旨の質問があった。これに対して、吉田首相は、なんと「近年の戦争の多くは国家防衛権の名において行われたることは顕著なる事実であります。故に**正当防衛権を認めることが戦争を誘発する所以であると**思うのであります。野坂氏のご意見の如きは有益無害の議論と私は考えます」と言ってのけたのである。

なんということだろう。**日本は、たとえ自衛の為であっても軍隊は持てないし、交戦権も持てないと自ら宣言してしまった**のだ。明らかに入江内閣法制局長官の想定問答に添った答弁であった。

36）入江内閣法制局長官の想定問答集：『日本国憲法を考える』西修　文春新書　平成 11 年　96 ページ

この吉田首相答弁によって、日本は国家の正当防衛権まで放棄してしまったことになる。金森徳次郎憲法担当大臣は、ビックリ仰天して腰を抜かしそうになったとのことだが、**「ワンマン首相が議会でこれだけはっきりと言明してしまったのであるから、手の打ちようがなかった」**と後に述懐している。

入江内閣法制局長官と、彼の進言を採用して国家百年の計を誤った吉田首相の無見識の罪は万死に値する！　しかし筆者は、これは吉田首相の短慮の失言などではなく、マッカーサーとも十分の事前擦り合わせを行った確信犯的発言だったのではなかったか、と疑っている。

なお**安倍首相は、吉田首相以降の歴代内閣が取ってきた「政府として芦田修正の立場は採らない」という方針はそのまま踏襲すると明言してきた。**新しい解釈を打ち出そうとすると、必ず野党から以前の説明との整合性がないと攻撃されるからである。本来は「情況が変わったから解釈も変わった、それが悪いか」と開き直ればよかったのであるが、それができない政治情勢が続いていたのだ。**その代わりに芦田修正とは関係なしに、改めて「自衛権は国家固有の権利である」旨を主張してきたのだ。**

しかし、それは所詮は無理に無理を重ねた「付け焼き刃」に過ぎなかった。〝解釈変更論〟の範囲内であれば、それも止むを得ないかもしれない。しかし、新規の「加憲論」（後述）という〝改憲論〟であれば、全く新たに一挙に芦田修正の経緯にまで遡っても良いのではないかと筆者は考えている。

昭和二一（一九四六）年当時、野坂参三議員は、「要するに当憲法第二章（第九条）は、我が国の自衛権を放棄して民族の独立を危うくする危険がある。それ故に我が党は、民族独立の為にこの憲法に反対しなければならない」と述べた[37]。まさに正論だ！　パチパチパチ。拍手！

第三節　自衛権の憲法上の位置づけ

■憲法九条の芦田修正

芦田均

●芦田氏の意図

「芦田修正」とは、九条第二項の頭に、〝二　前項の目的を達するため〞なる句が追加挿入されたことである。「芦田修正」付きの憲法第九条の条文は、昭和二一（一九四六）年八月一日に衆議院帝国憲法改正小委員会で決まったものである。後述の通り、これはマッカーサーからも極東委

37）野坂参三議員の憲法九条反対演説：第九十回帝国議会速記録

吉田茂

員会からも承認された。なお帝国憲法改正小委員会の議事録は秘密扱いとされていたので、当時は、芦田修正の挿入にまつわる詳しい経緯は明らかにされていなかった（なお本書においては以後、一般普通名詞としての「憲法」と区別するために、押し付けられた日本国憲法を批判と抗議の気持ちを込めて「マッカーサー憲法」と略称する）。

第九条　日本国民は、正義と秩序を基調とする国際平和を誠実に希求し、国権の発動たる戦争と、武力による威嚇又は武力の行使は、国際紛争を解決する手段としては、永久にこれを放棄する。二　前項の目的を達するため、陸海空軍その他の戦力は、これを保持しない。国の交戦権は、これを認めない。

●GHQは、芦田修正を承認したが、その交換条件として文民条項を要求してきた

昭和二一（一九四六）年八月の最終案の段階で、「前項の目的を達するため」という芦田修正が追加され、**マッカーサーもこれを了承して極東委員会に報告**した。芦田氏自身の意図は、**「国際紛争を解決する手段としての戦力や交戦権は持たないけれども、自衛のためであれば戦力も**

交戦権も持っても〝良い〟」と読んでもらいたいというものであった。**極東委員会もこの修正を了承したが、その代わりに「文民（Civilian Control）条項」を入れるように改めて要求してきた。**

実は、芦田修正が入ったことが極東委員会に伝わる前の昭和二一（一九四六）年八月一九日の時点でも、マッカーサーは「文民条項」を入れるように要求して来ていたのであるが、吉田首相は「第九条により、日本は軍隊を持たないことになった」のであるから、文民条項は必要ないと断ったという経緯があった。

チャールズ・L・ケーディス

この極東委員会の「文民条項」の要求は、ピーターセン陸軍次官補からマッカーサーに至急電で伝えられ、更にコートニー・ホイットニー民政局長から吉田首相に伝えられた。当時、法案は既に貴族院に回付されていたが、これを実行するために与党の織田信恒議員が「文民条項を入れたらどうでしょうか」と提案し、金森徳次郎憲法担当国務大臣が「ア、それではそうしましょう」と、あっさりと呑んだという八百長芝居の一幕があった。

くどいようだが、重要事項なので繰り返す。**当初マッカーサーは自衛戦争の場合も含めて交戦権も戦力も全面禁止にしようとしたが、ケーディス次長はそれでは現実的でないと考**

えて自衛権を禁止する箇所を自分で削除した。それをマッカーサーが黙認した。更に芦田修正が挿入された。芦田氏はこの修正は、自衛権放棄はしないし、自衛の為ならば戦力も交戦権も持てるとする意向であったとはっきりと述べている。マッカーサーも極東委員会もまた、そのように解釈した。そして、これを認める代わりに「文民条項」を入れるように要求してきたのである[38]。

■自衛隊の憲法上の根拠の変遷

●内閣法制局長官

前述のように、芦田修正が入ったことにより、日本は交戦権を有する軍隊を持つことができるようになったはずだったが、日本政府自らがそれを活用する道を閉ざしてしまった。ともあれ、日本は米国の圧力から警察予備隊の創設から自衛隊の創立にまで至るのであるから、これを憲法上に何とか認知しなければならなくなったのである。

内閣法制局長官は、内閣（総理大臣が閣議決定）が任命する。憲法その他の法律案件についての内閣に対する助言者として閣議に出席して意見を述べる。内閣は、必ずしも助言者の意見に従う必要は無いように思えるが、実際問題として憲法問題につい

38）憲法策定時の経緯：西修駒沢大学教授が 2000 年 2 月 24 日に行われた衆議院憲法調査会において行った「日本国憲法成立過程に関する参考人意見陳述」で詳細に述べている。西教授が昭和 59 ～ 60 年に当時のＧＨＱ民政局員に詳細なインタビューを行って聴取した資料に基づくものである。

ては内閣が内閣法制局長官の意見に従わないことは有り得ないことになってきている。というのは、日本の最高裁判所は三権分立を尊重する司法消極主義を取っているので、統治行為論[39]に基づいて積極的には違憲か合憲かの判断は下さないようにしているからだ。従って、実務的には内閣法制局長官が憲法をはじめとする法令に関する「法の番人」の役割を担っていると見做されている。自衛隊の憲法上の根拠にしても、実質的には歴代の内閣法制局長官の見解によってリードされてきた。

内閣法制局長官は、従来は内閣法制局次長を経て内部昇格により就任するという慣例があったが、安倍首相の決断により、平成二五（二〇一三）年に外務省国際法局長出身の国際法の専門家である小松一郎氏が長官に任命されたことによって破られた。小松長官は、憲法第九条は集団的自衛権の行使を禁ずるものではないと、従来の内閣法制局長官の見解とは異なる解釈を示して日本が普通の国になる道を拓くべく奮闘した。

しかし残念ながら末期癌であることが発覚して退任し、内閣官房参与となったが平成二六（二〇一四）年六月二三日に死去した。安倍首相は葬儀に参列して「人生をかけた仕事ぶり」と述べた。六十三歳であった。後は、再び法務省出身で内閣法制局次長だった横畠裕介氏が長官に就任している。

39）統治行為論：国家統治の基本に関する高度な政治性を有する国家の行為については、仮に法律上の争訟として裁判所による法律判断が可能であっても、三権分立を尊重する立場から司法審査の対象としないという理論。

●自衛権確立の為の苦闘

吉田首相の「自衛権放棄演説」以後、日本政府と国民の七十余年に及ぶ日本の自衛権確立を目指しての苦闘が始まるのである。それは、無理に無理を重ねたコジッケ解釈の積み重ねであった。前項で述べた小松一郎内閣法制局長官までの、歴代の内閣法制局長官の責任は重大である。

日本の憲法学者が自衛隊は違憲であるというのは無理もない。しかし、それならば、憲法を変えるか、自衛隊を廃絶するか、どちらかを論理的にはっきりと主張すべきであった。彼らは「自衛隊は違憲であるが、廃止しなくても良い」という。では改憲しかないはずだが、それには反対だというからわけが分からない。

その後、多くの紆余曲折を経て現在に至っている。その間、政府が何度か新しい解釈を打ち立てたが、野党はその都度、以前の政府の説明と矛盾していると攻撃した。政府は「状況が変わったのだから解釈も変わった」とか、「気が変わった」とか、断固として撥ね付ければ良かったのに、以前の説明と矛盾しているわけで無いなどと、ぐずぐずと無益な議論を続けた。

●自衛隊の創設

話は朝鮮戦争勃発時代に遡る。朝鮮戦争がはじまり日本駐在の米軍はほとんどが朝鮮半島に出兵してしまった。その間の治安維持の問題、日米講和条約準備の打ち合わせ、及び日本の安全保障体制の打ち合わせの為に昭和二六（一九五一）年二月に、ジョン・フォスター・ダレス特使が来日して、吉田首相と会談をした。

米国はそれまでの姿勢をガラリと変えて、日本に自由主義陣営の一員として再軍備をすることを要求したのである。当初は再軍備に反対の姿勢であったマッカーサーも、ダレスに同調するに至った。吉田首相はあくまでも再軍備要求を突っぱねようとしたが、ダレス特使の顔色が紅潮して忍耐が限界に達したのを感じ取り、妥協をすることにした。そして軽装備の軍備を行う事、およびこの会談は極秘扱いとする事、の二点を要求し、ダレスもこれを受け容れた。なお、昭和二八（一九五三）年には、アイゼンハワーが大統領に、ダレスは国務長官に夫々就任した。

かくしてＧＨＱの指令に基づくポツダム政令により、ここに警察予備隊が総理府の機関として組織されたのである。

昭和二七（一九五二）年、警察予備隊は保安隊に改組された。更に昭和二九（一九五四）年六月九日には自衛隊法が施行されて、保安隊が自衛隊に改組された。そして同日付で防衛庁設置法も施行された。それまで警察の補完組織だった保安隊、警備隊が、国防を任務とする自衛隊に改組されたのである。

●自衛隊の憲法上の根拠

再論するが、「芦田修正を承認する交換条件だった文民条項」の項で述べたように、芦田修正が入ったことにより、日本は交戦権を持つ軍隊を持つことができるようになったはずだった。それにもかかわらず、吉田首相が、国家の自衛権まで否定してしまったので、全て振り出しに戻ってしまったのだ。そこで自衛隊を大至急、憲法上に何とか認知しなければならなくなったのである。

当時、「付け焼き刃」で政府が説明したのは、「自衛のための必要最小限度の実力しかないのであるから、憲法第九条第二項にいう『戦力』には該当しない。日本を防衛するために必要な最小限度の実力を行使することは当然に認められており、これは交戦権の行使とは別の観念である」ということであった。芦田修正による九条二項の解釈については全く触れていない。

今までは憲法違反とされていた戦力だが、最小限とするから合憲と認めろと言うのだ。これは明らかにおかしい。「付け焼き刃」にしても、いかにもナマクラだ。今までドロボーは犯罪だったけれども、今後は最小限の窃盗にするから犯罪とまで言わなくても良いだろうというようなものだ。内閣法制局長官には、何か芦田修正と、マッカーサーの承認、極東委員会の見解に触れたくない理由が何かあったのだろうか?

筆者は次の理由ではないかと推定している。すなわち①直前に吉田首相が議会で野坂参三議員の質問に答えて、自衛戦争までも放棄すると言明してしまったこと、②「芦田修正」挿入は秘密の小委員会で決められたが、前述の吉田首相の意向に背くので数年間秘密にされていたこと、③朝鮮戦争の勃発に関連して米国から再軍備への要求が出て来たので、これに抵抗する意味があったこと、及び④九条二項の文理解釈においては、「国威の発揚としての戦争では戦力も交戦権もない。同様に自衛戦争の場合も同じ」と読む類推解釈の方が、「反対に、自衛戦争ならば戦力保持も交戦権も保持できる」と読む反対解釈よりも、大陸法系の法環境にある日本では優勢であったこと、要するに、自衛隊は『必要最小限度』のものに留めるし、『戦力』と言えるほど強力なものではない単なる警察組織にすぎないものにしておくから、いいじゃないか、という程度の不確かなものである。思えばこれが、長い間、日本の国防上の桎梏《しっこく》となった。いくら情況が抗しえなかったといっても、吉田首相自らが、その原因を作ったことに変わりはない。

げに恐ろしいのは『永久革命の種』の深い浸透力である。野党の大反対、及び国民大多数の意向から見ると、当時としてはやむを得なかった譲歩だったのかもしれない。しかし、その時の事情を何時までも引きずるべきではない。世界が変われば、当然、マッカーサー憲法の解釈も変わる。それが立憲主義というものだ。

当時の風潮は「せっかくマッカーサーが平和主義的憲法（実は空想的平和主義に基づく自殺強要の憲法）を作ってくれたのだから、たとえ自衛のためといえども戦力などは持つべきではない」という平和ボケの意見が圧倒的多数を占めていた。まさに『永久革命の種』に毒された自殺願望の風潮だ。日本中が自主独立の気運を失って他力本願モードに浸かりきっていたのだ。

しかし、米国の圧力で警察予備隊まで作らされて、それが自衛隊の創設にまで至ったのであるから、何とかこの路線を発展的に引き継ぐべきである。改憲を行って自衛隊を正式に認知して、独立国家としての完全な自衛権の確保にまで至りたいものだ。

●「戦力」の解釈論争

自衛隊を創設することにあくまでも反対する勢力に対して、政府は、「自衛力は保持してもよいが最小限のものとし、それを越える『戦力』の保持は禁止していると第二項を解釈してはどうか」という所まで譲った。そして、今度は「戦力[40]」とは何かという解釈論議に逃げ込んだ。

政府の主張は「戦力」というのは「近代戦争に打ち勝つだけのインフラも含めた国家の装備の全体を言うのである。自衛のための最小限度の実力程度のものまで『戦力』と言わなくても良いはずである。従ってこれを越えない程度の実力を備えた自衛隊ならば違憲ではないはず」という苦し紛れの解釈を打ち出したのである。〝近代戦争〟には抗しえない、

40）小学館日本大百科全書（ニッポニカ）の解説より

つまり真の意味での防衛目的は達成できないことを前提としたのだ。全く平和ボケも極まれりというべきだ。

自衛戦争であっても互いに殺し合う戦争であることに変わりはないのだから、全力かつ最善を尽くして戦わなければ防衛目的を達成できないではないか。近代戦争にはどうせ負けます、というのでは自殺願望でしかない。決着がつくまでに自衛隊員は全員が殺されてしまうが、それでも良いのか‼

●戦力とは何かについての法廷論争

自衛隊が憲法第九条二項で保持を禁止された戦力にあたるかどうかを争った裁判には、長沼ナイキ事件、及び百里基地事件がある。

長沼ナイキ事件については、昭和四八（一九七三）年九月七日の札幌地裁判決において、「自衛隊は憲法第九条が禁ずる陸海空軍に該当し違憲である」とし、「自国の防衛のために必要であるという理由だけでは戦力であることを否定する根拠にはならない」とした。しかし、昭和五一（一九七六）年八月五日の札幌高裁による控訴審では、住民の不利は防衛施設庁によって補填されるとして、一審判決を覆して原告の請求を棄却した。また、自衛隊の違憲性については、砂川事件と同様に「本来は裁判の対象となり得るが、高度に政治性のある国家行為は、極めて明白に違憲無効であると認められない限り、「司法審査の範囲外にある」とする統治行為論を併記して、判断を回避した。

最高裁判決は昭和五七（一九八二）年九月九日に下されたが、行政処分に関する原告適格性の観点から原告住民に訴えの利益なしとして住民側の上告を棄却した。しかし二審が言及した自衛隊の違憲審査問題については言及せずに回避した。

百里基地事件については、昭和五二年二月一七日に行われた第一審の水戸地裁判決では、同様に統治行為論が適用され、自衛隊は裁判所の審査対象にならないとされた。昭和五六（一九八一）年七月七日に行われた第二審の東京高裁では、自衛隊が公序良俗違反かどうかを問題にしているに過ぎないので自衛隊への憲法判断自体を本件に関しては不必要とした。

平成元（一九八九）年六月二〇日に行われた最高裁判決においても第二審を支持する判決を出して、基地反対派の住民の上告を棄却した。

次に憲法第九条二項の戦力とは、日本が指揮管理するものだけを指すのか、駐留する外国軍隊も含まれるのかが問題となる。外国軍隊であっても、日本の防衛について責任を負い、日本がその外国と共同防衛の関係にたつものは、戦力に含まれると考えると、駐留米軍の存在は憲法違反ということになる。昭和三四（一九五九）年三月三〇日に東京地裁が下した砂川事件の第一審判決の見解がこれであった。検察側は直ちに最高裁判所へ跳躍上告した。しかし同年の昭和三四（一九五九）年一二月一六日に行われた最高裁の判決は、戦力とは日本固有の戦力のみを言うとして、米軍の駐留軍は日本固有の戦力に該当しないと判示している。

●ボタンの掛け違い

今にして思えば「戦力」の解釈論争が、そもそものボタンのかけ違いの始まりであった。後悔先に立たずではあるが、芦田氏の意図した「自衛の為であれば陸海空軍その他の戦力は保持できるし、交戦権も保有できるはずだ。それが何が悪い！」とばかりに正面突破を図ればよかったのだ。しかし、当時の風潮はそれを許さなかった。『永久革命の種』に毒された国民の平和ボケの為であると筆者は見ている。

平成一一（一九九九）年の小渕恵三内閣の時代に、当時の大森政輔第五十八代内閣法制局長官は、参議院予算委員会において、「個別的自衛権に基づく我が国を防衛するために必要最小限度の自衛行動というものまで憲法は否定していないはずです。自衛戦争という場合には当然交戦権が伴うと取られがちですが、それは交戦権というよりも、もう少し縮減された個別的自衛権に基づく自衛行動くらいにご理解いただきたい」とムニャムニャ言うだけでよく分からない答弁をした。

「もう少し縮減された自衛行動」とは何のことだろう。それでも同年中には更にもう一歩進んで「周辺事態法」が制定された。一応、これにより日本周辺地域における米軍の後方支援が可能になった。

集団的自衛権問題に対する内閣法制局の抵抗は執拗で長かった。国際的には「自分は助けてもらっても、仲間は助けに行かない」という日本の立場は、極めて自己中心的で卑怯な姿勢と見なされて、軽蔑の的となっていた。日本は憲法の制約のためであると言い訳をしたが、誰も「それならば仕方がない」と理解してくれたところはない。

平成二四年度の民主党の野田政権の当時、通常国会における安保問題の焦点は、自衛隊の「駆けつけ警護」(自分が攻撃されたわけではないから集団的自衛権に属する)の扱いだった。当時の民主党の野田佳彦首相でさえも「仲間を見殺しにしないという極めて常識的な任務である」との認識を示して、前向きに検討することを約した[41]。

ところが野田首相の指示に反して、内閣法制局は局を挙げて徹底的な抵抗をしたので、〝前向きな検討〟は全く行われなかった。彼らは案件をグズグズと滞留せしめて国会会期の時間切れを狙った。法案の検討などの手続きは一切行わず、当時の山本庸幸内閣法制局長官[42]のごときは「本件については正式な検討は行わない」とまで言い放ったほどである。

そのため政府民主三役会議は遂に法案提出を断念せざるを得なくなった。当時の民

41）野田首相の「駆け付け警護」前向き検討の発言：平成24年7月12日の衆議院予算委員会。
42）山本庸幸：第六十四代内閣法制局長官。2011・12・22（野田内閣時代）〜2012・12・26（第二次安倍内閣時代）。退任後は最高裁判事。

主党の長島昭久首相補佐官（後に民進党を離脱して希望の党に参画）が憤然として内閣法制局幹部に対して「あなたたちが護ろうとする国益とは一体何なんですか？」と詰め寄った。すると彼らは平然と「憲法ですよ」と言ってのけたという。これでは国が滅びて憲法だけが残るということになる。内閣法制局の体質を表わす象徴的な出来事であった。

これは、日本における検事、裁判官、弁護士などの職業的法律家が等しく陥りやすい立法論軽視、自然法の法理、及び法哲学などの蔑視傾向の現れだ。この傾向が内閣法制局長官にまで伝染すると国を誤る危険性がある。

■法律論ではなく歴史認識論に過ぎない

●暗黒史観に取りつかれた日本の憲法学者達

現在、進行中の改憲論議の中でも日本の憲法学者たちはわずか数名[43]を除いて、ほぼ全員が現行の空想的平和主義的なマッカーサー憲法を支持するという、世界に類を見ない奇妙な『金太郎あめ現象』に陥っていることは前に述べた通りである。

彼らは、**法律理論的な信念から護憲論を唱えているのではない**。本人も意識していな

43）まともな数名の憲法学者：筆者の独断であるが、西修駒澤大学名誉教授、百地章日本大学教授、八木秀次麗澤大学教授、長尾紘一中央大学名誉教授、及びほんの数名に過ぎない憲法学者。

いかもしれないが、法律論とは全く関係がない**誤った歴史認識に取りつかれているだけな**のだ。前述のように、マッカーサーのような男が好意的に日本の将来まで考えて憲法を策定してくれるわけがない。ここにも『永久革命の種』が着実に効果を発揮しているのだ。

●自虐史観の佐藤幸治教授の護憲論

二〇一五年六月六日に、東京大学で「立憲主義の危機」というかなり大規模なシンポジウムが開かれた。基調講演[44]は佐藤幸治京大名誉教授が行った。佐藤氏は、「何時までグダグダと改憲論議をやっているんですか」と一喝して、憲法の**根幹を揺るがすような大きな修正はすべきではない**と主張した。現在のような改憲の動きは日本国憲法の根幹にかかわるので、立憲主義をおびやかすものであるとして強く批判した。

なお、筆者は佐藤氏の立憲主義の解釈は間違っていると考えている。世の中の根幹が大きく変化しているのに、憲法が矛盾をそのままにして変わらないでいると、誰も憲法を護らなくなるから最高規範性が保てなくなる。あるいは国が滅びてしまうから立憲主義もへチマもなくなってしまう。世の中に大きな変化が生じた場合には、憲法も合理的に変遷することによって、はじめて立憲主義は護られるのである。

更に佐藤氏は、「日本国憲法はＧＨＱ（連合国軍総司令部）が押し付けたものと言われ

44）http://mainichi.jp/feature/news/20150606mog00m040002000c.html

ている。しかし、もし日本の政府と国民が、なぜ軍国主義にかくも簡単にからめとられたかを良く考えれば、自分たちの手で現行の日本国憲法に近いものを作っていたはずである」という驚くべき見解を述べた。

彼の主張は、彼自身の**自虐的な歴史認識論であって法律論とは何の関係もない**。要するに先の大戦についての日本の反省が足りないと主張しているので、ＷＧＩＰのドグマそのものだ。これは「憲法論」の衣をまとった彼自身の空想的平和論に過ぎない。

また、佐藤氏は「アジアの人々に筆舌に尽くしがたい苦しみを与えたことも踏まえ『悔恨と鎮魂』を伴う作業が必要だった」とも述べた。大東亜戦争が、アジア諸国が欧米の白人国家による長年の植民地収奪から脱却して独立を果たすという世界史的大変動に貢献したという事実も無視している。もっとも、知らなければ無視するしかない。

驚いたのは、その後に行われた討論において、参会の憲法学者たちからこの点に関する異議も質問も全く出なかったことである。このことは、このシンポジウムの知的水準のどうしようもない低さと、参加者全員が視野狭窄に陥っているという事実を現している。

学者は知的作業を商売にしているのであるから、こうした論議が法律論とは無縁の歴史認識論に影響されていることくらいは自分ですぐに分かるはずだし、大東亜戦争の真相についての研究書は何十冊（もしかしたら何百冊？）も刊行されているのだから勉強する機会はいくらでもあったはずだ。

●講和条約締結時に極東委員会はマッカーサー憲法を作り直したいかと打診してきた

前述したが、**米国にとって日本は潜在的脅威であるから、その脅威を根絶することが占領政策の主なる目的であった。**そのために占領政策の根本は、日本を米国に隷属させて日本の政治的、経済的基盤を徹底的に破壊することにあった。そうした認識のもとで、占領政策が実行されたのである。そういう認識があればこそ、マッカーサーは日本国憲法策定において本来ならば占領政策基本法に過ぎない文書を、日本国憲法として押し付けたのである。

サンフランシスコ講和条約は、昭和二六（一九五一）年に署名されて翌年に発効し、**日本は主権を回復した。その折に極東委員会が、「占領中に作ったマッカーサー憲法を再検討してはどうか」と言って来たという事実がある。極東委員会は、マッカーサー憲法が本質的には占領政策基本法だったと認識していた証拠だ。**あまり知られていない史実であるが、憲政史の上では極めて重要な事柄だ。

マッカーサーは、昭和二二（一九四七）年一月三日付け吉田首相宛書簡で、「連合国は、必要であれば憲法の改正も含め憲法を国会と日本国民の再検討に委ねる決定をした」旨を一応は通知している。ところが、真に不可解なことに、こんな重要な事実がウヤムヤの内に葬り去られてしまっているのだ。

　これに対する吉田の返信（同月六日付）は、「貴信を拝受し、内容を留意しました」というだけの簡単な短いものであった[45]。

　おそらく極東委員会は、ハーグ陸戦条約に「占領軍は被占領国の現行の法律を尊重してマッカーサー憲法のような根本法の改正に介入しない」旨の定めがあったことに配慮したものだろう。もしかするとマッカーサー憲法策定の過程で極東委員会が容喙《ようかい》しようとしたのに対してマッカーサーが徹底的に抵抗したという経緯があったので、それに対する腹いせ（？）的な意味があったのかもしれない。

　いずれにせよ、マッカーサー指揮下のＧＨＱがマッカーサー憲法制定を強行したのは国際法違反であった、という事実を帳消しにしてしまいたいという極東委員会の意図があったに違いない。

　マッカーサーにとって、この極東委員会の再検討の打診は極めて不愉快なものであったに違いない。筆者の推測に過ぎないが、マッカーサーは吉田首相との間でこの申し出を受けないようにとの密約をしたのではないだろうか。マッカーサーがいろいろな場面で種々の権謀術策を弄したという事実、及びこのような重要な打診に対して日本がしっかりとした返事をしなかったという奇妙さなどから考えると、こ

45）新憲法の再検討をめぐる極東委員会の動き：Provisions for the Review of a New Japanese Constitution (FEC-031/41)、17 October 1946、極東委員会文書 Records of the Far Eastern Commission, 1945-1952 Box No. 204 “Policy No. 21;Provisions for the Review of a New Japanese Constitution (FEC 031/41,1946.10.17)” <Sheet No. FEC(A)1023>、米国国立公文書館 (RG43) →国立国会図書館マイクロフィッシュ資料

の疑いはまず間違いないだろう。

もっとも当時の事情としては、この年はサンフランシスコ講和条約締結だけでなく、例の「血のメーデー事件[46]」が起きた時でもある。また政局面では、公職追放から復帰した鳩山一郎とその一派が衆議院で吉田茂首相に辞任を要求して、いわゆる「抜き打ち解散[47]」が行われたという政治的混乱の真最中であった。マッカーサー憲法のつくり直しどころの騒ぎではなかったのかもしれない。

こうした政局の大混乱という事情はあったが、幣原喜重郎内閣の下で制定されたマッカーサー憲法が四年前に施行されたばかりだったので、もしこの時点でやり直しなどをしたら朝令暮改のそしりをうけて国家としての鼎《かなえ》の軽重を問われかねないという懸念があったのかもしれない。それにしても、ここは国家百年の計の下に勇気を以って自主憲法の作成に決断すべきであった。しかし「覆水盆に返らず」である。

マッカーサーが押し付けたものは、憲法と銘打ってはあるが、実質は「占領政策基本法」に過ぎなかった。しかし、マッカーサーが日本政府に示したマッカーサー・ノートその他の案には全て〝Constitution（憲法）〟と頭記さ

46）血のメーデー事件：昭和25年6月の人民決起大会における米兵への暴行事件を理由に、皇居前広場の集会は一切禁止されることとなった。昭和27年5月1日の第23回メーデーにおいて、参加したデモ隊が使用不許可とされていた皇居前広場（人民広場）に突入して、警官隊と衝突し、二人が死亡した。
47）抜き打ち解散：サンフランシスコ講和条約が締結されて占領が終了したことにより、公職追放を受けていた鳩山一郎らが復帰して来た。鳩山系議員が吉田茂首相の辞任を要求したので政局の大混乱が生じた。昭和27年7月の議員総会において、吉田茂は側近の一年生議員に過ぎなかった福永健司を自由党幹事長に指名したが、反対派の激しい抵抗にあって失敗に終わった。これにより吉田は8月28日に解散を抜き打ち的に断行した。

れているし、マッカーサー憲法の英文版も、〝Constitution〟となっている。**マッカーサーは明らかにこれを占領中だけに通用する時限立法ではなく、『永久革命の種』とするために憲法にしたかったのである。**しかし、標題が中身を決定するわけではない。

ポツダム宣言の受諾と降伏文書の調印は、明治憲法第十三条の、外交大権を規定した条文により締結された、いわば「独立喪失条約」である。占領期間中は、日本は独立を喪失し、かつ天皇の主権が否定されていた。その占領期間中に、天皇主権を前提とする明治憲法を改正するという形をとって、国民主権を前提とするマッカーサー憲法を成立させたのである。これは明らかに明治憲法の改正許容範囲を超えるもので、マッカーサー憲法の重大な形式的欠陥である。**一旦は無効となった明治憲法を、どう改正、修正しようとも有効な憲法ができるわけがない。**

明治憲法の改正条項は七十三条であり、「一、将来此ノ憲法ノ条項ヲ改正スルノ必要アルトキハ勅命ヲ以テ議案ヲ帝国議会ノ議ニ付スヘシ　二（略）」となっているが、明治憲法の改正を天皇陛下が勅命により発議されたという事実はない。

繰り返すが、占領軍がマッカーサー憲法を被占領国に押し付けるのは、ポツダム宣言に違反し、かつ国際法（前述のハーグ陸戦条約）に違反しているから法律理論的には無効である。しかし当時は上から下まで、また、右から左までが、ナアナア、マアマア主義で、それを不問に付してしまって現在に至っているものである。

苦しまぎれに宮沢俊義東大教授は「八月革命説」を唱えて辻褄を合わせようとした。すなわち、「新憲法は、天皇主権の大日本帝国憲法の下で改正されたことになっているが、改正後は国民主権に変わっている。天皇主権という基本原理のもとで、はじめてこの改正条項も効力を発揮するはずなのに、どうしてその基本原理自体を変更できるのか法的に説明ができない。その非論理性はどこから来るのかというと、憲法制定権力が敗戦の時点ですでに日本側にはなく、GHQにあったという革命的社会変化が存在したという事由による」というものだった。もちろん、「八月革命説」は現在では法理論としては通用していない。

重ねて言うが、現行のマッカーサー憲法は、マッカーサーの仕込んだ『永久革命の種』の産物であり、かつ、当時の議会がマッカーサーの恫喝に抗することができずに妥協に妥協を重ねて作り上げざるを得なかった産物なのである。

第四節　改憲論議

●改憲への動き

現在、安倍首相は不退転の決意をもって、マッカーサー憲法の改正に挑もうとしている。日本人は民族の誇りを賭けて、これに真剣に向かうべきである。誤った歴史認識に取りつかれただけの憲法学者たちのわけのわからない護憲論に耳を貸す必要は全くない。

平成一九（二〇〇七）年に国民投票法の成立を受けて、憲法改正を具体的に進めるために国会（第百六十七回国会）は、「憲法審査会」を衆参両院に設けることを決めた。それまでの「憲法調査会」及び「憲法調査特別委員会（国民投票法を議論）」の二つを引き継ぐ機関である。憲法に密接に関連する基本法制について広範かつ総合的に調査を行い、かつ「憲法改正原案、憲法改正の発議」を審議できると規定されている。

ただし国民投票法が公布後三年間は、憲法改正原案の国会への提出、審議を凍結すると定めていたので、憲法審査会はしばらく冬眠状態であった。平成二三（二〇一一）年から改めて委員を選任して活動を始めた。ところが、**現在に至るまで専門家（？）を呼んで勉強会を開催しているだけなので、実質的な進展は全くない。**

次項に述べる安倍首相の「加憲論」は、こうした情況に業を煮やした首相が、具体的な一歩を踏み出すための案を投げかけたものだ。理想的な改憲論はさておいて、現実的改憲路線としては極めて実現可能性の高い提案と、筆者は考える。改憲は一回やったらもうやらないというものではないから、改憲への道が開かれたら必要に応じて何度でもやったら良い。憲法は国民の幸福増進の為にあるのだから。

●安倍首相の「加憲論」

平成二九年五月三日の憲法記念日に民間団体が主催した「憲法改正フォーラム」において安倍首相は、「九条一項と二項を残しつつ、新たに三項を加えて自衛隊を明文で書き込む」という、いわゆる三項加憲方式による改憲案を発表した。与党の公明党は、この改憲論には困惑している模様だ。もともと公明党は改憲には反対で、「加憲」は公明党が言い出したことでもあるので、安倍首相の加憲論には反対し難い形だからだ。

櫻井よしこ氏は、「憲法改正に関する私の考えとは細部において異なる所がありますが、実現可能性という視点から考えると、何とまぁ『老獪』なことか、と感心しました。もちろん、強力に支持します」と述べた。筆者も全く同感である。現実的実現可能性を重視する愛国リアリスト、安倍晋三の面目躍如たるものがあるではないか。

しかし次の首相候補としての人気で、安倍首相と拮抗するか、より高い順位さえも占めることがある石破茂氏は、これを「先走った改憲発言である」などと言って批判[48]した。そして、「第一項、第二項との論理的整合性をどう確保するかに解を出さなくてはならない」と述べ、「第二項をそのままにして第三項に自衛隊の存在を明文化するのでは、論理的整合性を欠くことになる。今の矛盾を憲法で固定化してしまうことになりかねない」と指摘[49]した。

48）石破茂氏による安倍首相の加憲論批判：石破茂オフィシャルブログ（http://ishiba-shigeru.cocolog-nifty.com/blog/2017/05/post-5b72.html）
49）同上。

全く見当違いの批判だ。〝二項と三項の間の矛盾を固定化する〟などということには決してならない。既に述べたように、二項は芦田氏の意図したような解釈、すなわち「国際紛争を解決する手段としては軍隊を持つことはできないし交戦権も持てない。しかし自衛戦争のためであれば軍隊も持てるし交戦権も持てる」という解釈も法理論上十分に成り立つのだ。

しかもマッカーサーも極東委員会もそれを認めていたのだ。日本の憲法の正当性の根拠と、日本人ではないマッカーサーと極東委員会の承認との間には、たしかに関係が無い。しかし、事実問題として前身の占領政策基本法がそのまま日本国憲法に移転したという事実を考えれば、占領政策基本法第九条の解釈が、そのまま憲法第九条の解釈として自動的に移転しているという理屈も成り立つ。

ともあれ、新たに追加される三項において自衛隊を国防軍としてはっきりと規定すれば、もともと存在する何通りかの解釈のうちの、全体として整合性のある解釈、すなわち芦田氏の元々の意向通りの解釈が正式のものとして定着する。そして自衛隊違憲論も消滅するではないか。

現在、自衛隊諸兄姉の不断の努力、災害救助における献身ぶり、最近の北朝鮮からの安全保障上の脅威、その他から国民の自衛隊に対する信頼と評価は確固たるものになっている。その自衛隊が違憲かどうかを、まず問おうというものだ。

もし自衛隊は違憲だが改憲はしないというのであれば、廃絶するしかない。本当にそれでよいのか、もし合憲であるというのなら、疑問の余地がないように憲法上でも明文化しようではないか、というものだ。自衛隊の存否問題を突破口に絞って「孫子」の兵法の行動学にある「搦め手から攻める」戦法だ。それこそが、『永久革命の種』の影響から脱出する具体策になるのだ。色々な有識者がケチを付けているが、自らの長期的かつ現実的見識の欠落を暴露しているようなものだ。国民は誰がケチをつけたかを良く覚えておくとよい。

なお九条だけの加憲とは言っても、七十六条第二項の「特別裁判所の設置禁止」だけは廃止または変更して、軍法の制定と軍事裁判所の設置をしなければならない。さもないと、指揮官の命令で相手を殺傷してしまった場合には、傷害罪や殺人罪で日本の刑法にもとづいて起訴されてしまうからである。軍法ができれば、戦闘中の傷害行為は罪にならないが、敵前逃亡は罪になる。

なお、長らく外相を務めた岸田文雄自民党政調会長は、演説において、「現在の憲法を変えなくても自衛隊は存続できるのだから、特に改憲を急ぐ必要は無い」と言っている。頭脳明晰な彼らしくない、(前)外務大臣らしからぬ、とんでもない認識不足だ。詳細は次章以下で考察するが、こういう政治家に国を任せることは絶対にできない。彼は、こうした問題を勉強するのに最適な政調会長という要職についているのだから、至急、実情を理解して見解を改めて頂きたい。

第三章　欠陥だらけの安保法制と自衛隊

第一節　制度上の構造的欠陥

●安保法制は一旦廃止して作り直せ

将来、めでたく憲法改正（特に第九条）が成就した暁には、筆者は安保法制をいったん全部廃止して、改めて作り直して欲しいと考えている。要は、「第三国が攻めて来たら絶対に防衛目的を達成すること（＝絶対に勝つこと）、国際法に違反すること以外は何をやってもよいが、具体的判断は全て現場の指揮官に任せること」を明らかにして、あとは手続き論を定めておけば良いのだから、一本にまとめることはそう難しくないはずだ。

更に新たに軍法を整備して軍事裁判所も創設し、自衛隊を正式の軍隊として名実ともに認知すべきだ。そして日本国民は、国家と日本人の命と財産を護ってくれる自衛隊を心から信頼して尊敬すべきである。

〝下衆の勘繰り〟かもしれないが、筆者はこんな安全保障関連法群ができてしまったのは、怠け者の官僚の責任転嫁精神の産物ではないかと疑っている。田母神俊雄（元）自衛隊航空幕僚長が近著『田母神「自衛隊問答」』で語っておられるが、「自衛隊が縛られる理由として、（官僚は）何かあったときに自分たちがトラブルに巻き込まれないよう、あらかじめ先手を打ち、文句をいいそうなところにお伺いをたてておく体質が染みついていることが大きいと思うようになりました。（中略。官僚に疑問点を）聞いたら必ず向こうに縛られる。だから『規則に書いてあることを、私はこう解釈してやりました』と言え」と命令したとのことだ。

■自衛隊

●自衛隊は〝警察以上〟、〝軍隊以下〟の組織?!

マッカーサー憲法九条の下で、自衛隊の存在を正当化するために、無理に無理を重ね、かつ妥協に妥協を重ねて、現在の安保法制ができている。その結果、自衛隊の本質は警察組織でしかなく、およそ軍隊らしからぬ中途半端な組織になってしまっている。気の毒なのは、とばっちりを食らって危険な目にあわされる自衛隊員だ。安倍首相の「加憲論」は、その積み重ねてきた「無理」と「妥協」を取り払って、晴れて「歯止め」のない身にしてやろうというものだ。

前述したように、せっかく、マッカーサーも極東委員会も、日本は自衛の為であれば軍隊も戦力も持つことができると了解してくれたのに、『永久革命の種』に毒された内閣法制局長官と吉田首相がそれを無視して、日本政府が自らハードルを高めてしまった。

「たとえ自衛の為であっても戦力を持つことはできないし、交戦権もない」などという不利な解釈を自ら採用するが如きは、独立国としてあるまじき、自分で自分の首を絞めるようなものだ。当時は、表立っては軍隊組織を持てないことになってしまったのだから、行政機関としての警察組織を強化して、辛うじてスッポンポン状態から抜けだすしかなかったのだ。

●防衛出動には国会の承認が必要（危機管理原則にもとる）

現在の自衛隊法第六章には自衛隊の行動として、防衛出動、治安出動、施設などの警護出動、海上における警備行動、海賊対処行動、弾道ミサイルなどに対する破壊措置、災害派遣、地震防災派遣、原子力災害派遣、領空侵犯に対する措置などが定められている。このうち最も重要な防衛行動は、「防衛出動」である。

防衛出動について、自衛隊法第六章の第七十六条（改正前）は次の通りに規定している。

内閣総理大臣は、我が国に対する外部からの武力攻撃が発生した事態又は武力攻撃が発生する明白な危険が切迫していると認められるに至った事態に際して、我が国を防衛するため必要があると認める場合には、自衛隊の全部又は一部の出動を命ずることができる。この場合においては、武力攻撃事態などにおける我が国の平和と独立並びに国及び国民の安全の確保に関する法律（平成十五年法律第七十九号）第九条の定めるところにより、国会の承認を得なければならない。

二、内閣総理大臣は、出動の必要がなくなったときは、直ちに、自衛隊の撤収を命じなければならない。

防衛出動とそれ以外の行動との大きな違いは、**「武力の行使」**と**「国会の承認」**（事態対処法九条に基づく）であるが、問題なのは国会の承認である。これは危機管理原則にもとる規定だ。一応は、緊急の必要があって事前承認を得るいとまがない場合を除いて、事前承認を原則とするとある。「いとまがない場合」には昭和二九年の同法施行令により、事後承認をとりつけることになっている。防衛出動が必要となるのは、通常緊急の必要がある場合だから、初めから事後承認で良いと決めておくべきだ。

おそらく総理大臣の権限をできるだけ縛りたいという野党の意におもねた条項だろう。本来は内閣総理大臣の迅速な判断で防衛出動を命令できるのでなければ、実際に役に立たない。国会の審議はチンタラチンタラにしかできないし、必ず反対する勢力があるというのが実情だ。

危機管理の原則は会議での決断はできるだけ避けることだ。

「防衛出動」は「攻撃出動」とは根本的に違う。可否の判断を下すのはそれほど難しくはないが、緊急度は極めて高い。従って命令権限者も内閣総理大臣でなくても、もっと現業に近い指揮官の独自の判断で必要な防衛出動、少なくともその準備行動命令くらいは出せるようでなければならない。ミサイルがこちらに向かって飛んでくるのを発見したら、防御をするのに**「防衛出動」の為の国会承認を求めるのを原則とするなんて発想は、戦場の常識から外れている。**

防衛出動にあたって、最も重要なことは防衛目的を必ず達成すること、すなわち戦闘に有効に対処して必ず勝利することである。従って超法規的措置をすることが必要な事もある。防衛出動に関する規定を作るにあたって、**憲法との整合性などを気にする必要はない。**

緊急の救済行為をする場合には、どんな法律にも従わなくても良いというのが法理であり、法律の常識だ。たとえ相手が憲法の場合でも差し支えない。目の前で溺れている人を救う為に手近の船に飛び乗って運転して行っても、船舶操縦者法違反に問われることはない。正当防衛ならば、相手を殺してしまっても無罪になる場合だってあるのだ。

●専守防衛では防衛目的は絶対に達成できない

日本の安保法制に盛り込まれている専守防衛の思想とは、どんな必要性があっても決して先制攻撃を行わず、侵攻してきた敵を自国の領域において撃退するという方針を基本とすることを意味する。自衛隊の基本戦略、戦術思想の根幹を成していると解釈されているものだ。自衛隊法などの安保関連法に、この言葉が明文化されているわけではないから、運用次第で、実態に即したより柔軟な対応が可能なはずだ。

平成二八年に改正された自衛隊法第六章（自衛隊の行動）の第七十六条（防衛出動）では、次の通りに規定されている。

内閣総理大臣は、次に掲げる事態に際して、我が国を防衛するため必要があると認める場合には、自衛隊の全部又は一部の出動を命ずることができる。この場合においては、武力攻撃事態等及び存立危機事態における我が国の平和と独立並びに国及び国民の安全の確保に関する法律（平成十五年法律第七十九号）第九条の定めるところにより、国会の承認を得なければならない。

一、我が国に対する外部からの武力攻撃が発生した事態又は我が国に対する外部からの武力攻撃が発生する明白な危険が切迫していると認められるに至った事態

二、我が国と密接な関係にある他国に対する武力攻撃が発生し、これにより我が国の存立が脅かされ、国民の生命、自由及び幸福追求の権利が根底から覆される明白な危

険がある事態（後略）

つまり自衛隊の防衛行動の全ては「防衛出動」から始まるが、その命令が下されるのは同条の一と二に相当する事態が発生した時に限られる。先制攻撃の出動は認められないから、「専守防衛」と解釈されているのだ。自衛隊がどんなに勇敢に戦って相手の武力攻撃を撃退しても、相手はその都度、何回でも安全に退却して何回でも体制を立て直して目的を達成するまで武力攻撃を仕掛けてくることができる。これでは、防衛目的は絶対に達成できないことは子供でも分かる。

法律立案者が『永久革命の種』に取りつかれていた結果であろうが、立案者が書いた原案がそのまま法律となってしまうとは、関係者全員が安全保障政策のＡＢＣもわきまえていない証拠だ。あまりにも幼稚だ。

日本は先制攻撃的な戦略を取ることは認められないから、攻撃型兵器（弾道ミサイル、長距離戦略爆撃機、潜水艦発射弾道ミサイルを含む原子力潜水艦、いわゆる攻撃型空母など）は保有することができない。そのため、たとえば相手国が自衛隊の保有兵器よりも長射程能力を持つ長距離ミサイルなどで攻撃してきた場合には、日本は壊滅するしかないことになる。つまり「専守防衛」では防衛目的を達成することはほとんど不可能なのだ。

昭和五三（一九七八）年、当時の自衛隊のトップだった栗栖弘臣統幕議長が「現行法制では有事の際、超法規的に行動せざるを得ない」と発言して、当時の金丸信防衛庁長官から解任されてしまったことがある。金丸長官の方が間違っている。

この事件の大方の受け取り方は、自衛隊のトップである栗栖氏が政治に口を出すのはシヴィリアン・コントロール原則に違反するというものだった。しかし栗栖氏の真意は、「こんな自衛隊の手足を縛る法律ばかりでは動きが取れないから、いっそ何もないほうが自由に動けるから効果的だ」というものだったに違いないと筆者は思っている。

憲法九条を、戦力不保持で交戦権まで否認するという方の解釈（繰り返し述べるように筆者は間違った解釈であると主張している）と整合性を持った法制にしようとすると、必然的にこうした受動的な軍事戦略となる。

つまり、専守防衛の思想を盛り込んだ法制は、自衛戦争に於いてさえも防衛目的を達成する事、つまり勝つことを禁止するに等しい法制である。こんな思想を盛り込んだ安保法制を持つことは、国民全体が自殺願望を持っていることを意味する。

なお、**存立危機事態**の時には防衛出動が可能になり、集団的自衛権を行使することができる。存立危機事態とは、「武力攻撃事態等及び存立危機事態法」の第二条四にいう「我が国と密接な関係にある他国に対する武力攻撃が発生し、これにより我が国の存立が脅かされ、国民の生命、自由及び幸福追求の権利が根底から覆される明白な危険がある事態のことをいう」これに対応して自衛隊法七十六条第一項が改正されて、「存立危機事態」での防衛出動が可能になったのである。

例えば北朝鮮が日本の頭上を越えて米国に核爆弾頭付きのミサイルを撃ち込んで被害が生じているのに、その次のミサイルの飛翔に際して日本が何もしないのでは、さすがに米国民は怒って日米安保条約を破棄するかもしれない。それは日本の「存立危機事態」を意味するから、日本は防衛出動を発令して対応策を取らざるを得なくなる。

日本が直接攻撃されたわけではないから、「専守防衛」原則にもとるとか、滑ったの転んだなどと言っていられなくなるわけである。専守防衛原則も実情に合わせて再検討する必要がある。

●小野寺防衛相の「敵基地反撃能力」

小野寺防衛大臣は、自民党のプロジェクトチームの座長として「敵基地反撃能力」の構築提言をまとめて内閣に提案した。日本に向かってくるミサイルは、発射された後(ブースト・フェーズ)、徐々にスピードを上げて最高度に達してから落ちてくる。その過程で最も撃ち落としやすいのはブースト・フェーズだから、ここで撃ち落とせばよい、専守防衛だからといって、ミサイルが最高点に達して速度を速めて落ちてくるまで待つ必要はない、というものだ。合理的かつ合目的的な提案だ。

しかし、安倍総理は現時点では相手の領土、領空に届くような能力は「検討しない」との方針だ。現時点では公明党が絶対反対だろうから、むしろ検討しない方が良い。これは**憲法を改正して「専守防衛」原則そのものを否定すれば済む話**である。

●歯止め論

これも自殺願望の考え方だ。平成二七年（二〇一五）年に与党は国会において集団的自衛権を容認させようと必死になっていた。そして、その為の道をつけるために、自衛隊は憲法九条にいう所の「戦力」ではないことをこじつけるために「歯止め論」を盛んに言い立てた。自衛隊の行動に制限を付けるから見逃してくれというわけだ。情けない。

筆者は、もちろん集団的自衛権には賛成だが、独立国の自衛権に「歯止め」などは有害無益であると考えていたので、雑誌の評論では「歯止め論」には反対の論陣[50]を張った。しかし、大方の保守派の論客は、集団的自衛権を容認させるためにその歯止め論を支持する方に回った。

例えばほとんど常に傾聴に値する正論を吐いてきた学者の坂元一哉大阪大学教授で

50)「歯止め論」反対の論陣：月刊『WiLL』2015 年 8 月号 272 ～ 282 ページ「憲法学者の間違った憲法論」青柳武彦

さえも、「特に大切な『歯止め』議論」などという一文を発表[51]して筆者を驚かせた。（以下要約。文責筆者）

歯止めの議論は、憲法の平和主義と、安全保障の実効性を両立させる観点から、とくに大切な議論だ。憲法の平和主義は、わが国の武力行使を、自衛のための必要最小限のそれに限っている。代表例は、海外での武力行使を一般に禁じる政府の憲法解釈である。この解釈は、昭和二九年の参議院決議を踏まえたもので、簡単に外せない。ただし、政府はホルムズ海峡に機雷が敷かれて国の存立が危うくなるような場合には、たとえ武力の行使とみなされても同海峡での機雷の除去は例外的にできるとしている。このように新しい例外には「歯止め」の緩みを心配する声があるが、私はむしろ逆の印象を持った。ホルムズ海峡が機雷で封鎖されるような世界の存立も危うくなるような事態にあっても、日本の武力行使は機雷の除去に限るという、強い「歯止め」がある、との印象である。「歯止め」の例外の是非は、具体的な事情を考慮に入れて議論すべきだろう。私は新法案が、自衛隊派遣に国会の事前承認を例外なく義務づけたことを評価する。

51）『特に大切な「歯止め」議論』坂元一哉：【世界のかたち、日本のかたち】産経新聞 2015 年 6 月 8 日坂元教授が評価する所の「自衛隊派遣に国会の事前承認を例外なく義務づけた」点などは、極めて現実を無視した暴論だ。国会の審議は必ず議論百出するから、途方もない時間がかかる。事前承認を取る暇がなかったら派遣もしないのだろうか、それともそんなケースは起こり得ないとでもいうのだろうか。

こうした「歯止め」論の前提は左記の三つの想定を根拠としている、と筆者は考える。三つながらにして事実誤認で、全く根拠がない想定だ。しかも自分勝手で卑怯だから、日本を貶めることになる。

第一の想定は、現在の自衛隊の戦力は世界に比類のないほど強大なので、どんな歯止めを掛けても掛け過ぎることはないし、十分、国防の任を果たすことができるという想定だ。一旦戦争になったら、互いに技術の粋を尽くしてのハイテク戦争となって「死ぬか生きるか」の戦いになるのだから、「歯止め」などを掛けていたら話にならない。自衛隊の行動を制限し、かつ「歯止め」を掛けて戦力を削ぐのではなく、戦力を支援増強する策が必要なのだ。

第二の想定は、日本国民は歯止めなしにはすぐに侵略戦争に乗り出しかねない好戦的な国民だという断定だ。特に他国における武力行使は禁止にしておくべきであるというものだ。自尊心も名誉もかなぐり捨てた卑しい想定である。日本国民をこれほど侮辱した発想はないだろう。

第三の想定は、日本に対して武力で侵略してくる国はないか、あってもすぐに撤退してしまうだろうという想定だ。現状の国際情勢に全くの音痴の前提としか言いようがない。中国が天安門広場で、ウイグルで、チベットで何をしてきたか。さらには、東シナ海と南シナ海で現在何をしているかを見ればすぐ分かることだ。

制限的、限定的自衛権を唱えて「歯止め」論を振りかざしている輩こそが、実は自衛隊員のリスクを増やしているのだ。

しかし、その「歯止め」論の坂元氏も北朝鮮がミサイル発射実権を繰り返して威嚇を繰り返した平成二九年九月には次の趣旨の論文を発表[52]して修正した(以下要約。文責筆者)。

国際社会には解決が必要だけれどもそれでは容易に解決しない問題が数多くある。北朝鮮の核、ミサイル開発問題もその一つだ。ともかくも話し合いによる解決を目指すには国家としての総合力が必要だ。中でも重要なのは自衛力だ。相手に武力を行使されたら自国を守れないというのでは、まともな話し合いも不可能だ。北朝鮮の核、ミサイル開発は加速しているので話し合いで解決できるかますます不透明になってきた。

自衛力は相手を思いとどまらせる抑止力と、相手の攻撃から身を護る防衛力からなるが、二つのバランスが大切だ。前者は新安保法と日米同盟の抑止力でかな

52)『話し合いのための自衛力』坂元一哉:【世界のかたち、日本のかたち】産経新聞 2017 年 9 月 18 日

り強化されているから、今必要なのは後者の防衛力のさらなる強化である。その為には憲法改正、自衛隊の士気向上と待遇改善等が重要だ。装備も充実させる必要がある。中でも敵基地攻撃能力の獲得は焦眉の課題になった。

こうした防衛力の強化には巨額の費用がかかるが、事は日本の死活に関わる問題だ。財政の心配は二義的なものであるべきだ。たとえ倍増してもＮＡＴＯ諸国の目標値に過ぎないし、我が国が自衛隊を創設したころの数字であることも忘れるべきではない。

当に我が意を得たりの感がある。同じ人の論文とは思えないくらいだ。いくら自衛戦争であっても互いに殺し合う戦争なのだから全力を尽くさないといけない。「歯止め」が重要などと言っていたら殺されてしまうのだ。

●ポジティブ・リスト方式

自衛隊の行動については自衛隊法第六章「自衛隊の行動」に規定が設けられている。「ポジティブ・リスト方式」といって、取っても良い行動が列挙されており、列挙されていない行動は全て禁止するという、世界の軍隊に例を見ない日本独特の方式だ。戦場で起こり得る事象はそれこそ千差万別だから、何が起こるか予想はつかないではないか。

列挙していない行動は全て禁止するというのでは、極端なことをいうと自衛隊員は戦場で小便をすることもできない。まさか「小便をしても良い」とは直接的には書いてないだろうから、許可事項の中でそれに該当する事項を探して見つけ出さなければならない。戦場でそんなことをやっていられるだろうか。バカバカしい！

一般的に、警察行政や薬事、医療行政は制限的な部分が多いから、「やって良いことを全て列挙し、列挙していないことはすべて禁止する」ポジティブ・リスト方式を採用している。これに対し、世界の軍隊の権限規定は、「国際法で禁じられている残虐行為などのやってはならないことだけを列挙し、それ以外は全て現場の指揮官の判断によってやっても良い」という、現場の力を支援するネガティブ・リスト方式が一般的である。

戦闘の現場において起こり得る全ての事を予測して列挙しておくのは不可能であるのに、自衛隊はポジティブ・リスト方式で統制されているのだ。平成二一（二〇〇九）年三月に北朝鮮がミサイル発射を予告した際、当時の浜田防衛相が初めて「破壊措置命令」を発令した。もし、この命令がなければ自衛隊はミサイルを撃墜する臨機応変の行動はとれないのだ。国防上は臨機応変に対応するために、一刻の猶予もなしにネガティブ・リスト方式へ移行しなければならない。

また、自衛隊の行動の際の権限については、第七章「自衛隊の権限」に規定されている。平成二八（二〇一六）年の平和安全法制、すなわち「我が国及び国際社会の平和及び安全の確保に資するための自衛隊法等の一部を改正する法律」群（前年に成立）の施行に伴う自衛隊法改正により、日本以外の国家に対する武力攻撃に際し、日本の存立及び日本国民への脅威が生じるという「存立危機事態」（武力攻撃事態等及び存立危機事態における我が国の平和と独立並びに国及び国民の安全の確保に関する法律第二条及び自衛隊法第七十六条）も防衛出動の条件に加えられた。

要するに、防衛目的の達成を至上かつ絶対の目的とするように安保法制を作り変えなくてはならないのだ。至急に改憲を行って、現状の「法律で勝つのを禁止している」に等しい愚かな制度を是正する必要がある。

●自衛官が捕虜になったら死刑？

残念ながら筆者は、**自衛隊員で捕虜になった者は便衣兵の扱いで直ちに死刑にされる危険性があると覚悟しておいた方が良い**と考えている。それを防ぐためにも緊急に改憲を行って自衛隊を正式の軍隊として認知することが緊急に必要なのだ。

この点については、日本政府は**過度に楽観的**だ。公式見解では、「自衛隊は国内法では本質的には警察組織であるが、国際法的には軍隊として扱われるから、自衛隊員で捕虜になった者は、ハーグ陸戦条約やジュネーヴ条約上の捕虜として人道的に扱われる」と言っている。更に、「現状では自衛隊はＰＫＯなどで紛争国に派遣される場合でも、日本が紛争当事国になることはないのであるから自衛隊員が捕虜になることはない」のだそうだ[53]。そんなことはない。後方支援作業中に急に敵に襲われて捕虜にされてしまうことがあるくらいのことは、正常な想像力があれば誰でも分かりそうなものだ。

　伺いたいが、国際法に則った捕虜として必ず人道的に扱われると国際社会の誰が言っているのか、その人はそういうことを言う権限と実務的な力を持っているのか、また、日本は憲法上の制約があって正規の軍隊ではないからと言い訳をして任務を抛《ほう》って逃げたり拒否したりしたことはないのか、それでも国際法上は正式の軍隊として扱ってもらえる保証はあるのか。

　捕虜の扱いに関する国際法には次のものがある。すなわち、「陸戦ノ法規慣例ニ關《かん》スル条約（略称は、ハーグ陸戦条約）」（一八九九年締結、一九〇七年改定。日本は、一九一一年に批准、翌年に公布）、「捕虜の待遇に関するジュネーヴ条約」（第三条約。一九四九年八月一二日）、その他である。

　捕虜待遇を与えられるための資格要件は、かつては「紛争当事国の軍隊の構成員及びその軍隊の一部をなす民兵隊又は義勇隊の構成員」となっていたが、右記の一九四九年

53）日本政府の「自衛隊員は捕虜になっても国際法に則って扱われる」との見解：『防衛政策の真実』田村重信　育鵬社　2017　26～28ページ

のジュネーヴ条約により、それに加えて、「当該国の民兵隊、義勇隊（組織的抵抗運動を含む）の構成員で、一定の条件（a　指揮者の存在、b　特殊標章の装着、c　公然たる武器の携行、d　戦争の法規の遵守）を満たすもの」にも捕虜資格を認めた。

更に、一九七七年の「ジュネーヴ条約」第一追加議定書において、「旧来の正規兵、不正規兵（条件付捕虜資格者）の区別を排除し、責任ある指揮者の下にある〝すべての組織された軍隊、集団および団体〟を一律に紛争当事国の軍隊とし、かつこの構成員として敵対行為に参加する者で、その者が敵の権力内に陥ったときは捕虜となることを新たに定めたのである。

このように国際法では、捕虜として扱うべき人間の範囲を広範囲に定めている（なおテロリストなどは国際法上交戦者とはされず、捕虜にはなり得ない）。もしこれが、厳重に遵守されるのであれば確かに日本政府の見解通りになる。

しかし**現実問題としては、運用は完全に紛争当事国に任されている。つまり、そう規定されているだけで、その運用は係争国当事者の自主的な運用に任されているのだ。厳密に適用されているわけではない。**

現実に第二次世界大戦の折には捕虜の即時射殺や処刑の例は連合国軍と枢軸国軍の双方に多々あった。しかし、戦後に問題とされて裁判にかけられて処刑されたのは敗けた枢軸国だけであった。勝った連合国側には只の一件も問題にされたケースはないし、もちろん処刑された人間は一人もいない。

前述したが、冒険飛行家のチャールズ・リンドバーグは、『リンドバーグ第二次大戦日記』を書いて、第二次大戦は恐ろしいばかりの西欧文明の崩壊であったと証言した。同胞である米国人が、捕虜になった日本兵（もちろん正規兵）を次々と無惨に虐殺する姿を、悲しみの心で赤裸々に描いたのである。もちろん、そのうちの只の一件も国際法違反で立件されたケースはない。

筆者は、日本政府の見解は大甘の希望的観測に過ぎないと言わざるを得ない。自衛隊員を捕虜にするのは、日本に敵意を抱いて攻め込んできた国なのだから、好意的な解釈をしてくれるわけがない。日本は楽観的に考えてはいけないのだ。

なお、イスラム戦争法では、「戦闘にまったく従事していない民間人の捕虜であっても、健康な成人男性である場合は戦闘員の捕虜と同様に扱われ、裁判なしでも司令官の一存で死刑に処することが認められる」とされている。イスラム諸国相手では全く扱いが異なることは心得て置いた方が良い。

●戦闘行為の司法上の扱い

前述の安倍首相の加憲論は、必然的に憲法七十六条第二項の「特別裁判所の設置禁止」の廃止、または変更を伴なわなければならない。単独の「加憲」では済まないのだ。何故ならば現行のままでは、自衛官が自衛のための防衛行動（戦闘）中に**相手国の兵士を殺傷するようなことがあれば、刑法に基づいて検察官から起訴されて傷害罪や殺人罪で裁判にかけられてしまう。**罰せられない為には、刑法に定める正当防衛の要件を完全に充たさなければならない。完全に受け身でなければならないから、防衛目的は達せられない。自衛隊が軍隊として正式に認められれば、軍法の制定と軍事裁判所の設置が不可欠になる。

現在、防衛大学校の卒業生で任官拒否をする人間が増えているのも当たり前の話である。日本と家族を護るために指揮官の命令に従って勇敢に戦ったら、日本の刑法で起訴されてしまうなんて、こんな理不尽でバカなことはない。「やってられない」と思って当然だ。任官拒否を食い逃げではないかと批判するのは当たらない。

国と家族を護るためには命を投げ出すことも厭わない高貴な心を持った自衛隊員に、日本人は感謝と尊敬の心を以て接しているだろうか。筆者の義理の娘(息子の嫁)の父は自衛隊員だったが、子供時代には教師から憲法違反の自衛隊員の娘だと言われたり、友人から白い目で見られたりしたことがある由。また、現在でも防衛省に通勤する自衛隊員は制服を着用しない。以前は着用を禁止されていたほどだ。まず、日本人全員が心から自衛隊と隊員の諸君に対して尊敬と愛情の心を持つように、また、本節に述べた種々の問題点を早急に解決するように努めようではないか！

■防衛省

●「庁」から「省」へ昇格

日本の防衛に関する業務は、かつては総理府、内閣府の外局に過ぎない防衛「庁」によって行われていた。しかし、ようやく平成一九（二〇〇七）年に、内閣の統轄の下に防衛関連の行政事務をつかさどる「省」に昇格した。現在の防衛省は、行政機関（軍隊ではない）として、陸上自衛隊、海上自衛隊、航空自衛隊（陸海空自衛隊）を支援、管理、運営し、並びにこれに関する事務を行うことを任務としている。「文民統制（シヴィリアン・コントロール）」における文民の役割を果たしているわけだ。

世界のどの国でも、こうした国家の将来と安全を担う国防関連の官庁は最右翼の地位を占めている。米国でも国防長官と国務長官（日本の国務大臣とは異なり外務大臣に相当。米国修正憲法により外交関連事項は州政府の管轄ではなく連邦政府の専管となっている）は、閣僚の中でも最も重鎮である。

それなのに日本では憲法九条により軍隊組織も戦力も保持できないことになっていたので、

防衛省はマイナーな二流官庁の地位に置かれてきたのである。今後は日本が普通の国にするための手始めに、超一流の重要政策官庁の扱いに変更すべきである。体制が整うまでの間は、取りあえずは防衛大臣は官房長官が兼務することを原則とするのはどうだろう。

●情報戦争への対応

情報戦争は、今後は益々熾烈となるだろう。既に安全保障問題になりつつある。米国民や議会が「慰安婦問題や南京虐殺問題を起こしている不道徳な日本人を、米国の若者の血を流して助けてやるのは反対」と決議されたら、尖閣諸島有事の場合でも国際社会に「遺憾である」との声明を発するくらいで済まされてしまう危険性がある。声明を発するだけで済まされても日米安保条約違反にはならない。条約には何をするかは書いてないからだ。

もはや外務省に担当してもらうのは無理である。外務省は、この緊急で深刻な事態の中で五百億円もの予算を投じてアニメや漫画の宣伝をするジャパン・ハウス構想[54]などを一所懸命に推進しているというセンスだ。既にこの種の活動をする機関や施設は各地の日本大使館、日本貿易振興機構の各地の事務所、

54）ジャパン・ハウス構想：オールジャパンの対外発信拠点として外務省が推進している構想。平成二九年四月にサンパウロのジャパン・ハウスが開館したのを手始めにロンドン、ロサンゼルス等での開館を予定している。ワンストップ・サービスを提供する広報文化施設との位置づけだ。情報がまとめて入手できるとともに，カフェ・レストラン，アンテナショップ等を設置し，民間の活力，地方の魅力なども積極的に活用したオールジャパンでの発信を実現し，専門家の知見を活用しつつ，現地の人々が「知りたい日本」を発信することをコンセプトとした新たな発信拠点という。要するに日本国版アンテナショップである。（http://www.japanhouse.jp/）

国際交流基金の日本文化センター、各国の親日友好団体など、十分にある。日本のアニメ、漫画、芸術、文化などの宣伝が重要ではないとは言わないが、緊急度と深刻さの度合いが違うだろう。これが日本の戦略的対外情報発信の柱だとしたらお粗末に過ぎる。今後は是非、防衛省が主体になって担当して欲しい。

ところが政策官庁と自負している外務省は、防衛省を査定や調整事務を行うだけの調整官庁と見下しているので、外交情報として米国から入ってくる安全保障関連の情報を全ては渡してきたわけではない（ほとんど渡してこなかったと言った方が良いだろう）。そのために、重要な安全保障上の情報であるにもかかわらず防衛省が蚊帳の外に置かれてしまったことが何回もあった。

実は昭和三〇年の省庁間覚書[55]により、多重外交を防ぐためと称して防衛駐在官と防衛庁（当時）との直接連絡は禁止（！）されていたのである。自衛官を徹底的に「軍人」としては扱わない考え方が根底にあるからである。しかし、その後、国外における自衛隊の役割が増大してきたことに鑑み、ほんの数年前だが、「防衛駐在官に関する覚書」（平成一五年五月七日）により覚書を改定したので、問題だった禁止令は緩和された。

新覚書によれば、防衛駐在官の本国への連絡通信は外務省経由とするが、防衛駐在官の防衛情報は外務省が防衛省に自動的かつ確実に伝達することになった。一応、「蚊帳

55）省庁間覚書：「防衛庁出身在外公館勤務者の身分等に関する外務事務次官、防衛庁次長覚書」（昭和30年8月8日）

の外」状態は解決されたことになる。但し、防衛駐在官以外の外交ルートで入手する情報については別である。外交情報は外務省の管轄だが、日本では軍事情報も米国からまず外務省に入る場合が多い。そして外務省はそのすべてを防衛省に伝えるわけではない。縄張り意識と省益主義のなせる業だ。

現在、防衛省は防衛駐在官（戦前の海外駐在武官に相当）を在外公館に派遣して、外交官（外務事務官）の身分を与えて、軍事や安全保障に関する情報収集や交流などに当たらせている。平成二九（二〇一七）年現在で、六十四名が四十四の大使館、二政府代表に派遣されている。外国でも、軍事情報は同じ軍人にしか渡さない慣習があるからである。

●防衛省は率先して安保法制を作り直すべきであることを宣伝せよ

このような安全保障に関する現行の法制上の問題点は、現場の自衛隊の諸君は骨身にしみて分かっている。一番、そのとばっちりを食らうのは自分たちだからだ。国家と国民の生命と財産を護る仕事に従事していて専門家である自衛隊が、その問題点について声を挙げることができないのは、自衛隊法第六十一条[56]によって政治的行為が制限されているからだ。それならば、防衛省がその役を担うべきである。

56）自衛隊法第六十一条：（政治的行為の制限）隊員は、政党又は政令で定める政治的目的のために、寄附金その他の利益を求め、若しくは受領し、又は何らの方法をもってするを問わず、これらの行為に関与し、あるいは選挙権の行使を除くほか、政令で定める政治的行為をしてはならない。二　隊員は、公選による公職の候補者となることができない。三　隊員は、政党その他の政治的団体の役員、政治的顧問その他これらと同様な役割をもつ構成員となることができない。

シヴィリアン・コントロール制度の下で自衛隊と共に仕事をして、一番、問題点も熟知しているのは防衛省なのだから、**問題の深刻さを国民に知らせるべく声を大にして、至急マッカーサー憲法を改正すべきであることを発言して欲しい。**しかしながら、防衛省の官僚はそのような重大な問題を緊急に改善する必要があることを世の中に訴えることに積極的ではない。

実情を正しく国民に知らしめないのでは国家百年の計を誤ることになるのに、その気配もない。例えば同省による平成二十九年度版の「防衛白書」には『平和安全法制に関する諸外国の評価』として、下記の文言が麗々しく記されている[57]（平成二十八年版「防衛白書」にも同様な記述あり）。

> 平和安全法制に対しては、同盟国である米国はもとより、豪州やインド、東南アジアや欧州の国々に加え、ＡＳＥＡＮ、ＥＵなどからも強い支持と高い評価が寄せられています。（中略）米上院外交委員会及び軍事委員会も、平成二七年九月に共同で平和安全法制の成立を歓迎し、〝重要な問題を強化するもの〟との声明を出しました。さらに平成二八年二月、ハリス米太平洋軍司令官から、北朝鮮の弾道ミサイル発射への対応に関して、平和安全法制と新ガイドラインは日米の能力を向上さ

57）『防衛白書』平成 29 年版　“平和安全法制に関する諸外国の評価” 259 ページ

せ、日米間の連携が向上した旨の発言がありました。（中略）これらは、この法制が、戦争を抑止し、世界の平和と安全に貢献する法律であることの何よりの証です。

現行の安保法制が〝戦争を抑止し、世界の平和と安全に貢献する法律である〟とは、本当にそう思っているのだろうか。もしそうなら、何たる意識の低さ、何たる平和ボケの記述であろうと言わざるを得ない。

各国や国際機関からの賛辞が寄せられたとしても、それは単なる外交辞令に過ぎないことは百も承知のはずだ。それを、あたかも実情に即したものであるかの如く装って、このように述べるのは国民を欺くものだ。もし本心から、これで良いと考えているのであれば国家の安全に責任を持つ防衛官僚としての資格はない。

●シヴィリアン・コントロールの担い手としての防衛省

シヴィリアンということは、軍服を着ないで背広を着ているというだけではない。自分の利益を犠牲にしても公共の利益に尽くすという、〝共同体構成員としての近代市民〟としての存在であるということだ。そして、**シヴィリアン・コントロールとは、〝主権者である国民が、選挙で選出した代表者に委任する政治を通じて、軍事に対して最終的な判断と決定権を持つ〟、**

という国家安全保障政策に関する民主主義の基本原則である。軍隊は社会学的には強力な暴力装置であるから、他者は到底抗し得ない場面が必ずある。従って、何らかの強力な制御装置が必要であるが、それがシヴィリアン・コントロールなのである。

防衛省は、ただ自衛隊の傍にいるというだけでコントロール権を持っているというわけではない。公共の利益に尽くす、すなわちもし制度に欠陥があれば、それを社会に周知せしめる義務を果たして、はじめてシヴィリアン・コントロールの実を挙げることができる。もし、官僚として国の決定事項を否定したり批判したりするのは許されないというのであれば、石破茂流に、議論をすることを提言すればよい。欠陥法制により、生じる不都合な事柄を具体的に指摘して「これで本当に良いのかを議論をすべきである」と提案すれば良い。

防衛庁時代の先輩にはなかなかの侍もいた。平成五年一一月、当時の細川連立政権下で気骨のある中西啓介防衛庁長官は一一月一八日の衆議院安保委員会で、「日本も国連の指揮の下に、各国と同じレベルで平和維持の活動をすることは憲法違反にならないと考える」と発言した[58]。更に翌一九日の記者会見において、「憲法が時代に合っているかどうかを議論するのは当然のことだし、間違っているとは思わない」と発言した。

追いかけて一二月一日の新生党参院議員主催の勉強会においても、「国家が発展し、日

58）中西啓介防衛庁長官の発言：『読売新聞』平成5年12月2～3日の報道による。

本国民が幸せに生きていくための尺度とすべきが憲法だ。半世紀前につくった憲法に後生大事にしがみついているという在り方はどう考えてもまずいだろう。平和憲法の精神は不滅の金字塔として尊びながら、現実に対応できる尺度として憲法を作りかえていくべきだろう」と正論を述べた。どう考えても正論を述べたに過ぎない。

ところがこの発言が翌日の衆議院予算委員会において紛糾のもととなって審議が中断してしまった。与党の社会党からも責任追及の声があがり、当時野党であった改憲政党のはずの自民党までが何故か批判側に回った。遂に中西長官は審議空転の責任を取って辞表を提出させられたのである。

今までは、閣僚や政治家が正しいことを言って、中韓から抗議されると日本はすぐに謝罪をして本人を罷免した。今後は、是非、日本の国益ファースト主義でやって欲しい。憲法問題にしても今までの「事なかれ方針」を転換して「国民の生命と財産を護るために、現在の安保法制にはどのような欠陥があるのか、そしてそれはなぜそうなってしまったのか、今後、どうすべきなのか」を、明らかにして欲しいと熱望するものである。ここにも、『永久革命の種』の魔手が蠢いているのだ。

■海上保安庁

●国土交通省所管の行政官庁

尖閣諸島問題で最先端の役割を担っている海上保安庁（Japan Coast Guard. 以下単に「海保」と略称する）は、国土交通省所管の**行政官庁**である。海上保安庁長官、次長、その他の要職には国土交通省その他の省庁から横滑り出向して来ることが多い。かつては海上保安庁長官の職は国土交通省のキャリア官僚の「指定席」とも言われていたものだが、安倍首相の直接指示により平成二五（二〇一三）年に海上保安官出身の佐藤雄二氏が長官に就任した。以来、海上保安庁生え抜きの人物が長官に就任している。

対照的に、警察は昔からキャリア官僚を採用して、長官その他の要職には内務省出身者の時代を除き、初めから警察で育った官僚が就いている。なお、警察庁は内閣府の外局である国家公安委員会が所管し、地方警察は都道府県を所管する総務省が所管している。

筆者は、キャリア、ノン・キャリアの区別には反対であるが、少なくともそうした制度が続行している間は、海保も専門的経験と知識を持つ官僚をトップに据えるべきであろう。関係のない他省庁から門外漢の素人が横滑りしてきて、いきなり治安や国防という専門性の高い省庁の長官になっても務まるはずがない。安倍首相の指示が後戻りするようなことはないようにして欲しい。

●自衛隊との連携

他国の同様な組織はどうなっているか。例えば米国のコーストガード（沿岸警備隊）は一義的には連邦政府の警察行政の執行機関であるが、同時に有事の場合には警察組織から軍事組織に即時シームレスに移行できるようになっている。陸軍、海軍、空軍、海兵隊、に続く「第五の軍隊」と呼ばれている所以だ。

従って軍事組織に移行する場合でも、都度、時間をかけて特別な手続きを取る必要は無いから即座に対応できる。米国以外のほとんどの国（中国の海警局を含む）でも、準軍事組織として、領域警備やその他の自衛行動を行うことができるようになっている。当然だろう。

わが国でも、自衛隊法第六章第八十条（海上保安庁の統制）によって「内閣総理大臣は、自衛隊に出動命令があった場合において、特別の必要があると認めるときは海上保安庁の全部又は一部をその統制下に入れることができる。（後略）」となっているので、準軍事組織の役割が与えられる場合があることになっている。

しかし、まだ発動されたことはない。しかも海上保安庁法（海保法）の側には「防衛出動」に対応する条項は存在しない。従って新役割に移行するためには特別の法手続が必要であり、即時に共同行動をするというわけにはゆかない。

ただし、捜索救難任務などにおいては海保側から屡々《しばしば》海上自衛隊と航空自衛隊に派遣の要請がされており、顕著な実績があがっている。

この面での協力体制は万全と思われる。しかし、安全保障上の情報提供の面では、相互の情報提供は十分には行われていない。海保から航空自衛隊への情報提供さえも所掌事務に無いとして行われていないのが実情である[59]由。ここに述べた法制上の手続き問題は、有事に至らないうちに済ませておくことが必要だから、早急に対応を望みたい。

●海保は相手が軍艦や公船では対処できない

海保は、平成二八（二〇一六）年初め現在で、合計四百五十四隻の船艇と、七十四機の航空機（救助、偵察、調査用）を保有している。任務は、海保法第二条[60]に定められている通り、「海上の安全及び治安の確保を目的として、海難救助、海洋汚染防止、船舶の航行秩序の維持、海上の犯罪の予防と鎮圧、海上での犯人捜査と逮捕、船舶交通規制、水路、航路標識等の海上の安全の確保に関すること」であるから、戦闘行為は所掌任務にはない。

尖閣周辺では平成二八年八月上旬には、二百隻以上の中国漁船が接続水域を航行し、中国公船の領海侵入なども相次いだ。尖閣諸島有事の場合には、本拠

59）月刊『Hanada』平成29年10月号『対中国防衛　担うのは米軍ではなく自衛隊である』織田邦男・元空将の談。283ページ。

60）海上保安庁法第二条：「海上保安庁は、法令の海上における励行、海難救助、海洋汚染等の防止、海上における船舶の航行の秩序の維持、海上における犯罪の予防及び鎮圧、海上における犯人の捜査及び逮捕、海上における船舶交通に関する規制、水路、航路標識に関する事務その他海上の安全の確保に関する事務並びにこれらに附帯する事項に関する事務を行うことにより、海上の安全及び治安の確保を図ることを任務とする。（二　略）」

地の石垣島から一千トンクラスの大型巡視船三～四隻を急行させることに一応はなってはいる。

こうした事態に対処するために海保は平成二八年度の補正予算案（通常の予算も含めた総額は約六百七十四億円で過去最大）に新造大型巡視船三隻を計上した。そのうち一隻は同庁最大級の巡視船となる。平成三一度末までに配備される。しかし前述の通り領域警備の任務は付与されていないから、相手が軍艦や公船である場合には、ほとんど何もできない。同法第二十五条[61]において、わざわざ海保は軍隊ではないことを、念を入れて断って来ているくらいだ。

一応は、海上保安官及び海上保安官補は職務を行うため、海保法第十九条により、武器を携帯することができることになっているが、武器の使用については警察官職務執行法の規定が準用される。つまり、先に撃ったりしては絶対にいけないのだ。その他には、海保法第二十条により異常な動きをする船舶を停止させる為に他に手段がないときに限り合理的に必要な限度において、武器を使用することができるだけだから、軍艦や公船を相手にして戦闘行為や抑止行為を行うことはできない。

61）海上保安庁法第二十五条：「この法律のいかなる規定も海保又はその職員が軍隊として組織され、訓練され、又は軍隊の機能を営むことを認めるものとこれを解釈してはならない」

第二節　米国は日本を護ってくれるとは限らない

●米国は日本の〝矛〟ではない

米国は、たとえ尖閣有事の場合でも、本節に述べる複数の制約によって、必ずしも日本を護ってくれるとは限らないと日本国民は心得て置いた方が良い。**日本はたとえ単独でも自衛力を発揮して日本を護りきる準備と覚悟**をしておくことが絶対に必要なのだ。これは精神論ではないし、脅かしているわけでもない。日米安全保障条約は本節で詳述するように絶対確実なものではないし、日米関係も片務的（日本が何もしなくても米国が一方的に護ってくれる）な関係でもない。

繰り返すが、日本はたとえ単独でも自衛力を発揮して日本を護りきる準備と覚悟をして、初めて米国と双務的な関係に立つことになるから、日米両国は同盟国として互いに護り合う関係になるのだ。小野寺五典防衛大臣が良く口にする**〝矛〟（攻撃）の役割は米国が果たしてくれるから、日本は後方で〝盾〟（守備）の役割をしっかりと果たせば良いなどという関係は絶対に有り得ない**のだ。

現実には日本は一千九百億円以上の米軍駐在経費を毎年負担しているのだから日米安保条約は、そんな不確かなものでは困る。少なくとも米国がＮＡＴＯと結んでいる協定程度のものにするように改正する必要があるから、直ちに交渉を開始すべきである。

●米国議会の制約

日米安保条約を結んでいても、米国が日本を護ってくれるという保証はない。米国は良くも悪くも民主主義の国であるから、衆愚政治に堕する危険性を常に孕んでいる。安保条約よりも民意を代表している国会の議決が優先する。

前述の通り、小野寺五典防衛大臣やその他の政治家は国会やテレビで屡々、「日本は『専守防衛』であるから、〝盾〟の役割しか果たせない。〝矛〟の役割は日米安保条約によって米軍が担ってくれることになっている」と説明をしているが正確ではない。

国民に対して、本当は本項に述べるように安心ではないのに、安心してくれと言っているのだから、間違っていると言った方が良いだろう。筆者が米国の複数のソースから聞いたところでは、日本軍が率先して先頭に立って戦うのでなければ、米国の若者が血を流してまで日本を助けることは**絶対にない**し、米国の議会はそんなことは許さない、と言っているそうだ。多分、その通りだろう。

米国の要人（トランプ大統領、マティス国防長官、ティラーソン国務長官、更にはオバマ政権時代の要人）や政治家、軍人の誰が何時、何を言ったとしても、議会の決定の方が優先する。

有事の時に、もしトランプ大統領がオバマ前大統領のようにまず議会の意向を聞いてみようとか、国民の意向はどうだろう、などと考えて、議会や国民が〝否〟といったら、米国は動けない。

一応、米国大統領は局地的な紛争の場合には軍の最高司令官として軍事介入を命令することができるが、それが局地的な紛争に終わるのか世界大戦にまで至るのかは誰にも判断できない。本格的な宣戦布告をする権限は合衆国憲法により議会にある。戦争に関する大統領の権限は「戦争権限法」に定められているが、大統領は軍の最高司令官として国際紛争の折に軍事介入を命令することができるが、六十日以内の議会による承認が得られなかった場合には撤退しなければならない。両院が一致して撤退決議をした場合には三十日以内に撤退しなければならない。

もし米国議会が、日本の不道徳な行為（慰安婦問題、南京虐殺など）、瑕疵付き施政権、及び不平等で双務的でない取り決め、のいずれかを理由にして安保条約の発動を拒否したら、実質的に米国は日本を助けには来られないのだ。

●日米安保条約の構造から来る制約

もし米国民が憤激するような事態が日本の責任で起これば、米国は躊躇なく日米安全保障条約を破棄するか、少なくとも発動させないだろう。

平成八（一九九六）年に尖閣諸島に中国人数人が中国の国旗を立て、海保が彼らを強制退去させたことがある。当時のモンデール駐日大使は、ワシントン・ポスト紙の記者の質問に答えて「本件で、米国が日本を防衛する責務はない」と明言した。クリントン大統領は、それがアジアにおける米軍のプレゼンスおよび日米関係に悪影響を及ぼしかねないとして、即刻大使を召還してしまった。

モンデール大使の判断は、「尖閣諸島紛争に関し、条約上の〝自国（米国）の憲法上の規定及び手続〟については何も定められていない。日本が、主体的な自助努力もせず、かつ集団自衛権を拒否している場合には、米国が日本を防衛する義務はない」というものだったと思われる。どんな国際条約でも、その時々の状況に応じて恣意的な解釈をすることは不可能ではない。米国には、それを正当化するあらゆる法的根拠が存在する。その一つが次項に述べるヴァンデンバーグ決議だ。

●本当は怖～い「ヴァンデンバーグ決議」

ヴァンデンバーグ決議[62]とは、一九四八年にアーサー・ヴァンデンバーグ上院議員が提案して上院で決議されたものだ。「決議（Resolution）」と呼ばれているが、法律と同じ重みを持って現在でも生きている。

国際間の集団的安全保障体制を推進するにあたっての米国の姿勢を定めた決議であ

62）ヴァンデンバーグ決議：The Vandenberg Resolution（Senate Resolution 239）（http://www.ioc.u-tokyo.ac.jp/~worldjpn/documents/texts/docs/19480611.O1E.html）

り、米国が地域的・集団的防衛協定を締結する場合には〝**自助の精神**〟と〝**相互援助**〟の**原則に基づくものでなくてはならない**と定めている。両当事国がフェアに自助努力と相互援助の実を挙げない限り、米国議会はこれを認めないから、条約は雲散霧消してしまうのだ。

マッカーサー憲法下で日本政府は、自衛隊は戦力以下の存在で「専守防衛」であると解釈してきているから、日米間は双務的であるとは言えない。明らかに〝自助の精神〟と〝相互援助〟の原則に反している。

もし有事が安保条約を締結した直後に生じたのであれば、米議会がヴァンデンバーグ決議を発動して日米安保条約の援用を拒否しようとしても、第五条の「自国の憲法上の規定及び手続に従って」に関連して、米国は日本の憲法を承知の上で締結したのであるし、元々マッカーサーが日本に押し付けた憲法であるという理由で、日本としては異議を申し立てる国際法上の根拠があった。

しかし、日本が七十余年も一言一句も変更しないで来てしまった現在においては、そうした根拠は消滅してしまっているから通用しないと心得るべきである。日米安保条約には、自助の精神もないし相互援助の内容でもない、だから米国議会としては日米安保条約の発動は認められない、と言われると国際法上は抗しようがないのだ。ヴァンデンバーグ決議は、日本にはあまり気にしている政治家も官僚もいないようだが、本当は、怖〜い怖〜い法律なのだ。

援用された実例がある。昭和二四（一九四九）年に、米国は冷戦への対処の一環として日本の再軍備を容認、推進することにした。しかし、オーストラリア及びニュージーランドは、この日本の再軍備路線に強烈に反対したので、米国は一九五一年に締結したANZUS条約に、両国に対する米国の防衛義務を盛り込むことによって両国を慰撫せざるを得なかった。しかし、一九八四年にニュージーランドが米国の核積載艦船の入港を拒否したために、怒った米国はニュージーランド防衛義務を破棄してしまった。その結果、ANZUS条約は現在では米豪間のみの二国間条約となっている。

日本の**沖縄基地反対運動、オスプレイ配置反対運動、更には前項に述べた日米が〝盾〟と〝矛〟の役割を分担するなどという片務的取り決め（が仮にあったとしても）**などは、**明らかにヴァンデンバーグ決議に違反する**から、米政府や軍が日米安全保障条約を発動させて日本を救いに来たくても、議会はそれを許してくれないかもしれないのだ。

●条約の文言から来る制約

安保条約第五条の文面は、「各締約国（日本と米国）は、日本国の施政の下にある領域における、いずれか一方に対する武力攻撃が、自国の平和及び安全を危うくするものであることを認め、自国の憲法上の規定及び手続に従って共通の危機に対処するように行動することを宣言する。(後略)」となっている。

この文面では、米国の対応は「共通の危機に対処する」こと以上のものではないのであって、対処の具体的内容については何も書いてない。**単に、〝遺憾である〟旨の声明を国際社会に向けて発表するだけでも協定違反にはならない**。

つまり米国が有事の場合に、日米安保条約に基づいて具体的に何をしてくれるのかは、その時期における米国民と議会、政府、及び大統領の意向次第なのだ。繰り返すが、日本が〝盾〟の役割という片務的義務を負いさえすれば、米国が、〝矛〟の役割を担ってくれるはずであるなどということは、どこにも書いてない。筆者が聞いたソースからもそんなことは絶対にない、と言われている。日本側の恣意的な解釈に過ぎない。

日本はこれまで、安保条約の第六条「在日米軍について定める。細目は日米地位協定に定められる」に基づいて、基地を提供し、日米地位協定を締結し、いわゆる「思いやり予算(在日米軍駐留経費負担)」として毎年約一千九百億円もの費用を負担してきたのだ。(平成二八年度歳出ベースでは一千九百二十億円)こんな漠然とした何の確定的な約束もしていない取り決めの対価としては高価過ぎないか。

なお米国が重要な位置を占めている北大西洋条約機構(NATO)の条約第五条は次の通りになっている。

「第五条：締約国は、ヨーロッパ又は北アメリカにおける一又は二以上の締約国に対する武力攻撃を全締約国に対する攻撃とみなすことに同意する。したがつて、締約国は、そのような武力攻撃が行われたときは、各締約国が、国際連合憲章第五十一条の規定によって認められている個別的又は集団的**自衛権を行使**して、北大西洋地域の安全を回復し及び維持するためにその**必要と認める行動（兵力の使用を含む）**を個別的に及び他の締約国と共同して直ちに執ることにより、その攻撃を受けた締約国を援助することに同意する。（後略）」

ここには直ちに、〝個別的又は集団的自衛権を行使〟すると明確に書いてある。また、地域の安全を回復し及び維持するために、〝必要と認める兵力の使用を含む行動〟を直ちにとると明言しているのだ。日米安保条約のように、〝共通の危機に対処するように行動する〟などという漠然とした意味不明の文言ではない。もちろん、〝憲法上の規定及び手続に従って〟などという留保もない。日米安保条約も、このような文言に至急に改定する必要がある。

更に、「日本国の施政の下にある領域における、いずれか一方に対する武力攻撃」が行われた場合でないと、安保条約は発動されない。従って、尖閣諸島に中国の漁民が大量に押し寄せて台風などからの避難を理由に強行上陸しても、これは武力行使ではないから、条約の対象にはならない。

また、尖閣近海に大量の中国漁船が常態的に押し寄せて操業しているが、それを中国の公船は管理監督（実際は護衛）していると称している。これは日本の施政権の瑕疵化を狙ったものだ。瑕疵付き施政権しかない地域が安保条約の対象になり得るか議論の余地がある。なお、竹島は日本が領土権を有するが、施政権が実効されていないから安保条約の対象にはなっていない。

なお、日米安保条約は自動延長方式であるが、その第十条において当初の十年を経過した後は一年前に予告することにより、どちらでも一方的に廃棄できる旨を定めている。ただし日本は日米安保条約が破棄されたり発動されなかったりした場合には、核拡散防止条約を脱退すると宣言している。米国はそれでは困るだろうから、やはり日本を護るのが合理的だろうとの観測があるが、国家やその指導者が常に合理的に判断して行動するとは限らないことは世界の歴史が証明している。

第四章　稲田大臣辞任事件

第一節　警察組織では国防目的達成は不可能

●稲田大臣辞任も「永久革命の種」の犠牲

マッカーサー憲法及び国内法上、自衛隊は正式な軍隊ではない事はこれまでに述べた通りであるが、この事実が二〇一七年七月の稲田大臣の辞任と折からの自民党への逆風の遠因である。「永久革命の種」の影響がこんなところにも現れているのだ。

稲田朋美（前）防衛大臣は、七月二八日、自衛隊の南スーダンへの国連ＰＫＯ派遣部隊の日報をめぐる混乱の責任を取って辞任した。もし本当の軍隊であれば、機密扱いをするのが当然の日報を、〝隠蔽〟などと決めつけた野党や報道の姿勢の方が間違っているのだが、早い段階で政権与党側が正面からこれを糾しておかなかったことが、ボタンの掛け違いの原因であったと思われる。

問題の日報は共産党から情報公開請求があったものだが、当初、防衛省はこれを破棄したと述べて公開しなかった。ところが、後日、当該日報の電子データが陸自内に保管されていたことが発覚した。困った防衛省統合幕僚監部が、日報が残っていたことを非公表とすることを陸自に指示した模様（この点は、はっきりしない）なのだが、稲田氏自身はそれを明示的に了承したものではなかったとのことだ。

もし「機密文書であるから公開はしないが、隠蔽とは異なる」などと正面から述べると、摩擦の元となることを懸念したものだろう。

稲田大臣は、防衛特別監察を行うこととし、その結果に基づいて黒江哲郎防衛省事務次官及び岡部俊哉陸上幕僚長を懲戒処分とした。結局、両名とも辞任するに至った。稲田氏も、防衛事務次官と陸幕長を辞任に追い込んでおいて自分が留任するわけにはゆかないとして辞任した。

もし憲法がもっと早く改正されていて、自衛隊が正式の軍隊として国内的にも国際的にも認知されていれば、自衛隊の活動の詳細は軍事機密扱いとなって行政機関の情報公開制度の対象にはならず、従ってこんな事件は決して起こらなかったはずだ。

『永久革命の種』の影響がこんな形で出現するとは、お粗末極まりない一幕であった。ここまで事態を追い込んだ野党、メディア、テレビのバカ解説者たち、愚かな国民には本当に腹が立つし、悲しい限りだ。彼らには全く反省の色はなく、本事件は専ら安倍政権の失点であると思っているのだから救いようがない。

●原因は自衛隊が軍隊ではなくて警察組織であったこと

筆者は、この混乱はマッカーサー憲法及び国内法との関係上、自衛隊は正式な軍隊ではなくて本質的には警察組織であったことが原因であった、つまり『永久革命の種』のなせる仕業であったと考えている。

自衛隊は国連南スーダンへのＰＫＯに部隊を派遣していたが、撤収することを決めた。撤収は平成二九（二〇一七）年四月から始まり、南スーダンに派遣された施設部隊約三百五十人のうち、これまで約三百十人が三回に分けて帰国したが、七月二七日に最後の約四十人が帰国したことにより部隊全員が南スーダンから撤収した。ここに五年四カ月に及んだＰＫＯ活動は終了した。野党とマスコミは、そもそも自衛隊をＰＫＯ派遣したことが法制上の条件に反しているることや、日報隠蔽の疑惑を言い立てて政権与党を攻撃した。

日本共産党が情報公開請求をしたことから、防衛省は大規模な戦闘が発生した二〇一六年七月前後の日報を公開した。その期間、南スーダンのキール大統領政権を打倒しようとするマシャール副大統領のクーデターによる戦闘があった。日報には自衛隊が駐屯する首都ジュバなど、「各地で戦闘が激化し、最悪の場合内戦となる可能性も否定できない」と記してあったとのことである。

野党とマスコミは、「戦闘地域に自衛隊を派遣することは、ＰＫＯ法にもマッカーサー憲法にも反している」と主張した。そして、実際は戦闘が行われたのに、単に「発砲事案」があったなどと述べた国会答弁は虚偽だったのではないか、更に、戦闘と明記された日報があったのに、これが隠蔽されてしまったのではないか、と追及した。

これに対して筆者は、初めから与党政権側は次の通りに説明して正面突破を図り、きっぱりと疑惑をはねつけてしまうべきであったと考えている。

「本来、国連ＰＫＯ活動に関わる日報には、担当者が些事か否かにかかわらず見聞きした全てを克明に記載すべきものだ。担当者は、内容が日本の法制上どのように扱われることになるのかまで斟酌する義務はない。日報には、当然、重要かつ機密を要する事項も書きこまれることがある。日報は引継ぎにも重要だし、戦略、戦術の検討の基本的参考文書である。従って重要機密文書として扱うことが原則である。公開可能なものについては所定の手続を経て順次公開してゆく。しかし原則として公開しない性格の機密文書であるのだから、情報の隠蔽とは全く異なる次元の話である」

しかし、この説明は本質的なものとはいえ、おそらく現在の政治情勢下では野党に絶好の政権攻撃の種を与えることになりかねなかったろう。

たとえ自衛隊が軍隊として国内法的に認知されておらず、本質的に警察組織であったとしても、組織の目的と性格からいって機密文書が存在することは当然である。稲田防衛相は、「戦闘と言っても日本の法制で定める戦闘とは意味が異なる」と説明をして、今後とも「隠蔽はしない」方針であることを強調した。

もしかすると安倍首相が、自衛隊が国内法制上は軍隊ではないことに鑑み、正面突破を避けて迂回作戦を取るように稲田防衛相に指示をしたのかもしれない。しかし、真相は不明だ。

●PKO部隊の日報の公開問題

こんな問題が防衛大臣の辞任にまで発展するような日本国民の精神風土の下では、日本は真に効果的な抑止力を持って平和の維持に役立つような自衛軍事組織を持つことはできないだろう。

問題の発端は、日本の国際平和協力法とODA大綱のPKO参加五原則に定めた要件に、派遣中の南スーダンの現状が合わなくなったので、派遣部隊の引き上げに至ったことに発する。平成二八（二〇一六）年に共産党が、同年七月七日から一二日までのPKO派遣部隊の日報の開示請求を行った。これに対して、稲田防衛大臣は「すでに廃棄したので存在しない」と回答した。しかし、その後電子データが陸自とは別の、統合幕僚監部に残っていたことが判明して、やれ情報隠蔽事件であるとか、やれ防衛相の虚偽答弁であるなどと大騒ぎにされてしまった。

もし自衛隊が軍隊であれば、「日報は存在するが、それには種々の防衛上の機密が含まれているので公開できない」と突っぱねることができた。しかし、自衛隊は現状では情報を求められれば公開せざるを得ない行政機関なので、公開しないためには存在しない、と言うしかなかったのかもしれない。しかし、「廃棄したので存在しない」はまずかった。後日、他の部署において電子データ記録が発見されるに至って防衛省も自衛隊も説明に困惑した。この問題を発掘した日本共産党は大喜びだった。

残念ながら日本人は、心の奥深くに巣くっている『永久革命の種』のおかげで、軍隊組織に対してはアプリオリーな罪悪感と不信感を持っている。マスコミはこういう時には容赦しない。彼らには、国益などは頭の片隅にも入っていないのだ。筆者の友人の表現を借りれば、まさに「マスゴミ」なのだ。

第二節　本来ならば日報は軍事機密

●ＰＫＯ日報は、現状では情報公開法により公開の義務がある行政書類

本来はＰＫＯにおける自衛隊の活動で、どんな戦闘行為があったかどうかが国会で国民的論議の的となるのは、世界の常識からいって極めて異常である。国内で公開される情報は直ちに

敵対勢力に筒抜けになるからである。

しかし、自衛隊は現行マッカーサー憲法との関係上、一般の「行政組織」の一部の警察機構に過ぎない。軍のような外見をしていても軍事組織ではないのだ。今回のように共産党が情報開示請求をしたら、開示せざるを得ないのだ。

情報公開法（行政機関の保有する情報の公開に関する法律）は「省庁等行政機関の保有する文章等の情報はすべて開示する」のが原則となっている。情報公開法第二条の二には下記の通りに規定されている。

二　この法律において「行政文書」とは、行政機関の職員が職務上作成し、又は取得した文書、図画及び電磁的記録（電子的方式、磁気的方式その他人の知覚によっては認識することができない方式で作られた記録をいう。以下同じ）であって、当該行政機関の職員が組織的に用いるものとして、当該行政機関が保有しているものをいう。ただし、次に掲げるものを除く（除外例として、官報、白書、雑誌、書籍その他の元々不特定多数に販売する目的のもの、特定の歴史等、文化的資料などの政令で定める特別の管理がされているもの）。

将来、自衛隊が行政機関ではなくなって国防軍として認知されたら、軍事上の機密書類は情報公開を要する行政書類から除外することが可能である。**現在の自衛隊は、国家の安全と防衛、及び国民の財産と生命を護ることよりも、国会における透明性や情報公開の方が重視される行政組織**なのだ。いうまでもなく国会や国民に公開される情報は全て即刻かつ自動的に、（仮想）敵国に筒抜けになる。

第三節　ＰＫＯ

●日本は本来はＰＫＯ部隊を派遣する義理はない

筆者はもともと国連脱退論を唱えてきたものであるから、国連ＰＫＯにも日本が参加する義理は無いと考えている（本当は義理の問題ではないのだが）。ただし、それはこの稲田防衛大臣辞任事件とは関係が無い。

しかし、少なくとも日本が国連の加盟国である間は、日本はＰＫＯ部隊派遣も含めた加盟国の義務と責任を一〇〇％果たし、国連の提供する国際的安全保障ネットワークの利益も一〇〇％享受するべきであると考えている。それができない情況にあるのであれば、いっそ辞めてしまえというのが真意である。

日本は国連憲章において旧敵国に指定されたままであるので、日本が頼りにしている国際的安全保障のネットワークに入れてもらっていない。故に筆者は新しい枠組み（いわばＮＡＴＯの太平洋諸国版）を米国と共同して作るべきであると考えている。敵国条項については、一応、平成七（一九九五）年に、日本やドイツが国連総会において第五十三、七十七、百七条を憲章から削除することを提案して、一二月一一日の総会において賛成多数で採択されている。しかし、加盟国による批准が一向に進まないから未だに発効していない。

日本の外務省は、敵国条項は現実問題として既に死文化しているとの見解であり、歴代の国連事務総長も一向に批准促進手続きを推進しようとはしていない。しかし中国の王毅《ワンイー》外相は、機会ある毎に「日本には敵国条項が適用されることを忘れるな」と日本を恫喝して来ている。事実問題としては、中国の言う通りで敵国条項は依然、国連憲章上から削除されるに至っていないのだ。

筆者は「日本が他国にしてもらいたいと思っていることを、日本も他国にするべきである」という観点からは、集団的自衛権にもＰＫＯにも賛成である。決して国際的安全保障ネットワークの有効性を否定するわけではない。国連ＰＫＯに関する件は、国連安全保障理事会で決めるが、拒否権を持っている中国は日本を救うＰＫＯには必ず反対するだろう。日本を救ってくれないＰＫＯに日本が協力する義理はない、というのが筆者の意見だ。

●ＰＫＯへの参加条件

厳密には、日本は国連のＰＫＯには参加できない法制上の問題があったのだ。しかし、安保体制は九条に違反するとして「歯止め」や「反対」の声が大きい人でも、国連の活動には極力協力すべしという矛盾した意見を持つ人が多い。そうした情況の中だったので、政権としては安保体制を推進する現実的な手段の一つとして、国連ＰＫＯへの協力策を採ってきたのではないかと考える。

平成四（一九九二）年に国際平和協力法が成立した。この法律では国際連合平和維持活動、人道的な国際救援活動、国際的な選挙監視活動の三つの活動への協力が規定されており、具体的な業務内容として停戦監視活動や選挙監視活動への参加、医療活動や生活関連物資の支援などが規定された。更に平成一五（二〇〇三）年に改定されたＯＤＡ大綱においては左記の通りのＰＫＯ参加五原則というのが決められている。

①紛争当事者の間で停戦合意が成立していること。
②国連平和維持隊が活動する地域の属する国及び紛争当事者が当該国連平和維持隊の活動及び当該平和維持隊への我が国の参加に同意していること。
③当該国連平和維持隊が特定の紛争当事者に偏ることなく、中立的立場を厳守すること。

④上記の原則のいずれかが満たされない状況が生じた場合には、我が国から参加した部隊は撤収することができること。
⑤武器の使用は、要員の生命等の防護のための必要最小限のものを基本。受け入れ同意が安定的に維持されていることが確認されている場合、いわゆる安全確保業務及びいわゆる駆け付け警護の実施に当たり、自己保存型及び武器等防護を超える武器使用が可能。

以上である。これに基づき、日本は同年の第二次アンゴラ監視団（ＵＮＡＶＥＭ―Ⅱ）に選挙監視団として三名を派遣した。これが、日本の国連ＰＫＯへの参加の始まりだ。しかし、今回はこれらの日本側の法制上の原則と国連ＰＫＯ活動の現実と間には乖離があることが表面化してしまい、これが南スーダン派遣隊の引き上げにつながったのである。

●ＰＫＯの変貌

実は国連ＰＫＯは一九九四年のルワンダ虐殺以来、戦闘には一切加わらないという原則が大きく変わってきていた。当時ルワンダでは、当事者間での停戦合意が実質的に失われて再び戦闘が始まっていたにもかかわらず、中立性維持という建て前からＰＫＯ部隊は住民の保護をせずに撤退してしまった。そして、住民は虐殺されてしまったのだ。国連は加盟国からも国際世論からも、厳しい批判を受けた。

このため平成一一（一九九九）年にアナン国連事務総長が、国際人道法（武力紛争法）に基づいて、**ＰＫＯ部隊自身が紛争の当事者になることもあり得る**事、及びそれは正当な戦争行為であって殺人ではない事、を確認する国内法を整備することをメンバー国に要請した。

しかし、日本には軍隊が無いことになっていたので整備すべき国内法はない。戦闘行為で人を殺傷すれば傷害罪や殺人罪に問われてしまうのだ。南スーダンに国連がＰＫＯ部隊を派遣した当時、現地は既に完全な内戦状態にあったのだ。

国連軍が住民被害の防止を求められるとか、戦闘状態（日本を護っているわけではない）にある他国の国連軍に「駆けつけ警護」をしなければならないなどの、日本の国際平和協力法に含まれていないケースが続発した。そして、これに対応できない日本は国際的な批判を浴びる仕儀となったのである。憲法上の制約からできないのだ、と説明をしても「それなら仕方がないな」と納得してくれる国はない。

そこで、日本としては引き上げを決定せざるを得なくなったのだ。一応は、現地の国連ＰＫＯ本部からは円満に了承されて、今までの貢献を感謝されていると表面的にはなっている。しかし、実際の所は、任務途中で離脱するのであるから敵前逃亡と見做されているに違いないと筆者はみている。

●日本のPKO派遣に関する法制こそが問題

日本の法制上は「紛争の当事者になる」ことが予想されるPKOは、国際平和協力法に違反することになってしまうから、引き上げざるを得なくなった。もちろん、国際社会では、「また、日本は勝手なことをやっている」と見做される。国際平和協力法に違反すると言い訳をしても国際的には通用しない。

日本国憲法の前文には、「われらは、平和を維持し、専制と隷従、圧迫と偏狭を地上から永遠に除去しようと努めてゐる国際社会において、名誉ある地位を占めたいと思ふ」とある。しかし、実際にやっていることは大分違うのだ。

こうした現実の中にあって、日本の現状を恥ずかしく思って、日本の法制の方を早く変更すべきであると考えるのと、何が何でも自衛隊は海外派遣をしないのだからそれを隠蔽するのは怪しからんと政府を責めるのと、どちらが真っ当なのだろうか。

日本の法制では「駆けつけ警護」にしても、相手が撃ってこなければ撃ってはいけないとか、それも威嚇射撃に限るということになっている。バカバカしい。自衛隊のリスクが増えることにあれほど反対をしてきた野党の面々、及び保守派でも多数の「歯止めが大切」だとか「専守防衛」でなければならないなどと主張してきた面々は、自分たちの主張こそが自衛隊のリスクを大幅に増やしていることに気づくべきである。

「駆けつけ警護」というのは、日本が他国の軍隊にやって欲しいことを日本もやらないと、国際社会で恥をかくことになるから、日本も名誉を護るためにやることになったはずだ。ところが、救援を求めている相手が軍隊だったら助けてやらない、というのはどういうことだろう。理屈をこねまわさないで、もっと素直かつ普通に考えるべきだ。日本の安保法制には、筆者などの理解に余ることが多すぎる。

●防衛特別監査

当初、あたかも日報を隠蔽する決定が行われたかのような報道が行われたので、**稲田防衛大臣は防衛特別監察を実施せざるを得なくなった。防衛特別監察の結果に基づき黒江哲郎防衛省事務次官及び岡部俊哉陸上幕僚長を懲戒処分とし、両名とも辞任するに至った。**

黒江防衛次官は、日報のような機密文書はいたずらに公開すべきではないとの正しい信条の持ち主であったが、必ずしも稲田大臣の明示的な了承を得ていなかったことを咎められたのだ。前述の通り、**稲田大臣が「すべて公開して隠蔽はしない」と公言してきたことこそが問題であった。情報公開原則は場合によるのであって、絶対善ではないのだ。**

日本は、間接民主主義制を採っているのだから、かなりの程度まで政府を信頼して任せるしかない。何から何まで公開を要求して議論をするのであれば、直接民主主義に切り替えるしかない。そんなことはできもしないのに、こんな些事まで人民裁判にかけようとするのは間違っている。

日報のような性格の基本的文書は半永久的に保存されるべきもので、電子的に保管される場合でもアクセス権は限定的かつ厳密に定められて然るべきものだ。そうした文書なのに、伊藤惇夫氏（元民主党事務局長）などは、「本来、国民に広く公開すべきであった文書が紛失し、しかもそれを隠蔽しようとしていた形跡がある」などと些事に捉われた間違った解説をした。

そうした文書の性格をわきまえないマスコミや解説者に対しては、嘘か真実か、などという次元を離れた言い訳をせざるを得なかったのだろう。与党と政権は、この問題に関する限り現実との妥協などはせずに、本来この文書は機密文書であるので、公開しないが、それは隠蔽などという次元の問題などではないと真っ向から立ち向かうべきであった。

こうした問題が起こるのは、自衛隊は本質的には警察組織に過ぎず、軍隊組織ではないという法制上の問題点と因果関係がある。

第五章　亡国の日本学術会議

第一節　軍事研究拒否と科学技術研究の失速

●科学技術開発力の遅れ

現在まで大学や各種研究機関の多くは、軍事研究、及びそれにつながる恐れのある研究は拒否するし協力もしないという姿勢を永年の間つらぬいてきた。彼らの考えは、「日本は過去において他国に侵略をして悪いことばかりした。その悪事を効果的に遂行できたのは日本の技術のおかげである。その技術開発を推進したアカデミズムは、〝悪〟に加担したことになる。もうそういうことは止めよう」というものだ。

そうした彼らの軍事研究への拒否反応と非協力姿勢は、日本の科学技術研究の停滞の大きな原因となっている。その根底には自虐史観と暗黒史観という誤った歴史認識がある。『永久革命の種』がここにも発芽して猛威を振るっているのだ。もはや「科学立国日本」とは言えなくなってしまったのだから、天然資源の乏しい日本にとっては浮沈にかかわる大問題だ。早急に、こうした意味のない愚挙はやめるべきだ。

●人文系学問の軽視

科学技術研究の面だけでなく、人文系の社会科学の分野でも同様なことが起きつつある。人文系学問は、日本の将来を決定するといっても過言ではない。例えば、日本の終戦に至る経緯の研究は、敗戦というある意味では大きな遺産を将来のために最大に活用するべきである。

何故日本は、敗戦という逆境に陥ってしまったのか、それを避ける方策はなかったのか、それを将来の日本の行く末のために役立てるためにはどうすれば良いのかなどを、社会科学の叡智を総動員して、すなわち社会と科学の倫理、国際政治学、文明論、安全保障政策論、歴史認識論、などを総動員して徹底的に研究する必要がある。

それにもかかわらず、文科省は社会科学を軽視して、教授陣や時間を削減する政策を打ち出した。平成二七（二〇一五）年六月以来、既に六年間の「人文系研究削減の中期計画」が始まっている。同年六月八日付で下村博文文部科学大臣の名で、全国八十六の国立大学長宛に次の内容の「通知」が発出された。「教員養成系学部、大学院および人文社会系学部、大学院については、（中略）組織の廃止またはより社会的要請の高い領域への転換に積極的に取り組むよう努めることとする」というものだ。

何ということだろう。信じられない！　文科省は表だっては、これは人文系学問の軽視ではないと懸命に否定しているが、詭弁に過ぎない。筑波大学の例など、既に多くの弊害の実例が出現している。

経済学者の佐和隆光京都大学名誉教授、前滋賀大学学長は、〝全体主義国家は必ず人社知（人文社会系）を排斥する。人社知を排斥する国家は必ず全体主義国家になる〟とまで述べて批判[63]している。では、文部科学省はその代わりに理工系学問を懸命になって推進しているのかというと、本章に述べるようにそれに逆行する動きを放置したままにしている。わけが分からない。要するに学問研究についての哲学が欠落しているのだ。

●「ネイチャー」誌の指摘

英国の世界的な科学誌「ネイチャー」誌の二〇一七年三月号は、日本の科学研究の現状を分析した特集号をまとめた。その中で同誌は「日本の科学研究はこの十年間で失速し、他の科学先進国に後れを取っている。この問題に政府主導で真剣に取り組んで、この低落傾向を逆転できなければ、日本は世界の科学会でエリートの地位から追われるだろう」と[64]まで述べた。由々しき一大事だ。

63）『文科省の「文系軽視」で日本が滅ぶ』佐和隆光：
https://www.dailyshincho.jp/article/2017/01010559/?all=1
64）日本の科学研究の失速：産経新聞平成二九年五月十三日　『科学力の危機は深刻だ』中本哲也

同誌はその原因を、〝日本の科学技術政策が短期的成果を求めるあまり、経済波及効果を過度に重視している傾向にある〟と分析している。それが若い研究者の独創性の芽を摘んでしまい、挑戦心を衰えさせるというのだ。

たしかにそうした面もないではない。しかし筆者は、短期的成果主義という要因よりもはるかに大きな要因は、本章で述べるように「この道は何時か来た道」を再び辿るべきでないという誤った**暗黒史観により、日本全国の大学や研究機関の研究者たちが委縮**してしまって、少しでも軍事研究に関係あるかもしれない研究には全て背を向けているという事実であると見ている。

●日本学術会議の視野狭窄

そうしたアカデミズムの視野狭窄的な動きを主導してきたのは日本学術会議だ。この組織は、昭和二四（一九四九）年に内閣府の特別の機関の一つとして創設された日本の科学者の代表的機関である。自然科学および人文社会科学の分野の研究者、八十四万人を代表している。科学の向上発達を図り、行政、産業及び国民生活に科学を反映させ、かつ浸透させることを目的（日本学術会議法第二条）としており、その経費は国の予算で賄われている。ただし活動は政府から独立して自主的かつ自由に行われる。

組織は、優れた研究業績がある科学者のうち内閣総理大臣から任命される二百十人の会員と、日本学術会議会長から任命される約二千人の連携会員により構成される。第一部（人文科学系）、第二部（生命科学系）、及び第三部（理学工学系）に分かれているが、第一部と第二部が中心的な活動を行っている。

かつて同会議は昭和二五（一九五〇）年と昭和四二（一九六七）年に、戦争を目的とした研究は行わないとの声明を発表した。更に、重ねて平成二九（二〇一七）年三月二四日にも、同会議の「安全保障と学術に関する検討委員会」の幹事会が重ねて「軍事的安全保障研究に関する声明」を決定して発表した。方針の見直しも検討された模様だが、変更はなかった。

残念なことに日本のほとんどの大学はこの方針に従ってきた。日本の国策アカデミズム組織が率先して前項のネイチャー誌が指摘するような結果を生む反日亡国運動を展開しているのだから罪が重い。これでは、視聴者の受信料で運営されているＮＨＫが執拗に偏向報道を行って日本の足を引っ張り続けているのと同じだ。

●防衛省の基礎研究公募への非協力

学術会議による平成二九（二〇一七）年三月の「軍事的安全保障研究に関する声明」は、平成二七（二〇一五）年に防衛省が呼びかけた「安全保障技術研究推進制度」に協力しないようにとの呼びかけだった。この学術会議の声明は、「学問の自由はこれを保障する」としている憲法二十三条に明らかに違反している、時代錯誤のものだ。

正しい歴史認識を持って、日本の平和と安全のために防衛技術の向上に貢献したいと考える研究者もいるはずだが、この声明はそういう研究者の「学問の自由」を奪っているだけでなく、日本の**防衛の弱体化**を招いて日本国民の生命と財産を危険に晒しているのだ。筆者は、国家反逆罪（日本の刑法には存在しないが）に匹敵する亡国行為であると考えている。

こんなことは小学生でも分かる理屈なのに、日本学術会議の学者たちは一体何を考えているのだろう。東京大学[65]は、平成二七（二〇一五）年一月一六日付で濱田純一総長が概略次のようなコメントを発している（要約の文責は筆者）。

「軍事研究の禁止は、第二次世界大戦の惨禍への反省を踏まえて引き継がれてきた東京大学の最重要基本原則の一つである。軍事研究は、開かれた自由な知の交流の障害となるので回避されるべきである。防御目的であれば許容されるという考え方や、攻撃目的と防御目的との区別は困難であるとの考え方もあり得るが、デュアル・ユースの危険は本質的に存在する。従って東京大学は世界の知との自由闊達な交流こそがもっとも国民の安心と安全に寄与しうるという基本認識を前提として、具体的な個々の場面での適切なデュアル・

65）東京大学の軍事関連研究の禁止令：http://www.u-tokyo.ac.jp/content/400031223.pdf

ユースのあり方を丁寧に議論し対応していくことが必要であると考える」

何という時代錯誤の視野狭窄だろう‼　筆者が日ごろから唱えている「東京大学亡国論」の所以の一つである。ただし、これは筆者の母校愛の、筆者なりの現れである。

東京大学は国から運営交付金を年間八〜九百億円も受けている。もちろん、国立大学中で第一位だ。これに対して私学はトップ三の日本大学、早稲田大学、及び慶応義塾大学でさえも、それぞれ百億円足らずである。その東京大学が自ら学問研究の自由を否定して、日本の科学技術衰退の音頭取りをして良いものだろうか。前述の濱田総長のコメントは、『永久革命の種』にどっぷりと浸かった近視眼的な見方である。絶望的でさえあるので、修復は困難または不可能であろう。

第二次世界大戦の惨禍への反省をしなければならないのは人類全般、特に米国であって、日本だけが責任を取って国際的技術開発水準のレベルを引き下げて恭順の意を示す必要は全く無い！　日本は、大東亜戦争を通じて欧米白人国家の圧政下にあったアジア諸国の独立を助けてやれたことを、誇りに思って良いはずなのだ。

東京工大もこれまで米国防総省や防衛省からの助成金を受けて研究を行っていたが、同じく禁止することに決めたという[66]。関西大学や法政大学も、学内の倫理基準に照らして学内の研究者の防衛省への応募を一律に禁止することとした由。

66）西原正・平和安全保障研究所理事長による『軍事研究禁止は国を弱体化する』産経新聞　平成29年5月17日「正論」欄

安倍政権は「積極的平和主義」を掲げて防衛力強化を進めており、民生技術も積極的に活用する方針を打ち出しているので、防衛省もこれに呼応して公募を開始した。しかし、税金で運用されている日本学術会議が、国策の安全保障防衛政策に反対するように全日本のアカデミズムに呼び掛けているのだ。それで良いのだろうか？

防衛省の基礎研究公募は、大学その他の研究機関から応募があれば、その内容を審査、評価して、委託研究費を配分しようというものだ。小型無人機やサイバー攻撃対策など軍事技術への応用が可能な基礎研究を公募して、研究を委託することになっている。研究成果は、国の防衛や災害派遣、国際平和協力活動などで用いる装備品の開発につなげるほか、民生分野でも活用される。

防衛装備庁による予算額は平成一五年度に三億円、一六年度に六億円、そして一七年度には大幅に増額して百十億円の予算を組んでいる。そのため、一件当たり五年間で数億円から数十億円のものが新設される。こうした研究資金を使って日本は他国に負けない研究成果を出して欲しいものだ。

池内了総合研究大学院大学名誉教授、名古屋大学名誉教授は、その著書『科学者と戦争』の中で、防衛省との共同研究を、「研究者版経済的徴兵制」と呼んで蔑んだ[67]。「軍隊に入れば大学入学の資格が取れるとか金が貯められるとかの甘言で、止むを得ず軍隊に行くの

67）『科学者と戦争』池内了　岩波新書　平成 28 年　140 ページ

と状況が似ている」という理由だ。

更に池内氏は、「軍からの金に頼らなければやって行けないようなら、思い切って研究の分野を変えることを考えてはどうだろうか。金をかけなくても研究が続けられる分野は多い。（中略）その方がよほど人間的だと思うのだ」などと、問題の解決策にも何にもならない笑止千万の意見を述べている。

池内氏は、要するに自衛目的であろうとなかろうと、全ての戦争は悪であるという考え方だ。そうして、もし世界中の人が戦争は嫌だと心から思えばこの世の中から戦争は無くなる、という人類の歴史から見て到底あり得ない空想論を述べているだけだ。そういう考えは、是非、北朝鮮、中国、ロシアへ行って叫んで欲しい。なお、同氏は「九条の会」のメンバーである。

●不勉強なノーベル賞受賞者

ノーベル賞を受賞した著名な科学者までもが、誤った歴史認識に基づく自虐史観に取りつかれて、専門外の社会科学分野において見当はずれの政策提言まで行っている。彼らの専門分野における赫々たる研究業績の故に、国民から尊敬されている一流の学者たちだから、たとえ専門外の安全保障政策、国際政治学、歴史学などの分野における知見でも、国民は信用してしまう。その悪影響は深刻だ。

平成二七年七月には「安全保障関連法案に反対する学者の会」が、安全保障関連法案の廃案を求めて記者会見を開催した。ノーベル物理学賞を受賞した益川敏英京大名誉教授の如きは「安倍総理が〝有事〟だと思ったら戦争ができる、これはとんでもない話だ」などと、〝とんでもない呼びかけ〟を行う始末だ。また同氏は率先して、前述の防衛省の公募に対しても協力しないことを各大学に呼び掛けている。

ノーベル文学賞の有力候補の村上春樹氏も、慰安婦問題に関しては「もういいと言われるまで、謝りつづけるしかない」などという妄言を吐いている。歴史認識論において正しい知見を持っておられるノーベル賞受賞者は、山中伸弥京都大学iPS細胞研究所所長以外には、寡聞にして存じ上げない。

ノーベル賞受賞者の方々の夫々の専門的分野における研究は、文字通り世界的かつ画期的なものである。しかし率直に言って、**専門分野以外の歴史認識論や国際政治学の分野における知見は、ほとんどの方について、失礼ながら恐ろしく勉強不足**と言わざるを得ない。文部科学省検定下の教科書でしか学ぶ機会が無かった一般人と同じレベルでしかない。一流の学者なのだから、専門外の分野の事でも幅広く知見を深めて欲しい。そして良く知らないことについては自分の無知をはっきりと認識して、余計な発言は控えて頂きたいものだ。

第二節　デュアル・ユース

●平和利用と軍事利用の二つの側面は不可分

デュアル・ユースとは、科学技術の応用面には平和利用と軍事利用の二つ側面が不可避的に存在するという意味である。しかし、利用面を二つに分けることができるとは限らない。それどころか、分けること自体が不可能であるし無意味であると言った方が、科学技術の本質に沿った表現である。

あらゆる科学技術の応用の在り方は、軍事利用、平和利用のみならず、産業、経済、芸術、その他のあらゆる面において本来的に無限の広がりを持っているものだ。従って日本学術会議の言うような全ての軍事技術の研究協力への拒否は、全ての研究開発に背を向けることに通じる。

例えば現在、実用化の研究が世間の耳目を集めている夢の新素材、「セルロースナノファイバー」（強度＝鉄の五倍、重量＝五分の一）や、「新マグネシウム合金」（強い、燃えない、軽い）や、「デュアルカーボンバッテリー」（リチウムイオン電池比で遥かに高い出力密度、軽量、且つ安全なのでセル型電池化が可能。自動車に応用すれば一回の充電で五百キロ近い連続走行が可能）などの研究へはどういう考え方をすればよいのか。この新技術は極めて軽くて強い素材だから航空機や自動車などへの応用がまず考えられる。当然、戦闘機や爆撃機にも応用できる。日本の科学技術研究者たちは、軍事利用の道が見えるからといって背を向けるのだろうか。

筆者は、**科学者や技術者が研究と開発の場面を独占しているからと言って、応用面についての適否や制限の妥当性についての判断も独占することは絶対にあってはならない**と考えている。いわんや特定の分野の開発を拒否するが如きは論外である。

こうした問題は、民族の文化、宗教、政治、安全保障などの極めて広範囲かつ哲学的な分野に属する問題である。科学者や技術者が、その判断に必要な広範囲かつ深遠な知的活動の面においても専門性を兼ね備えているとは限らない。

それは民族の究極の選択である。この意味において日本学術会議が、軍事研究に繋がる可能性のある（と彼らが独断する）全ての研究開発を拒否したり、拒否するように関係先に強要するが如きは、とんでもない独善であり、日本の将来性を損ねる自殺的行為であると断じざるを得ない。

●日本学術会議の傲慢さ

日本学術会議のこうした反日亡国的愚挙がもし続くのであれば、強烈な行政指導か、政治的な強硬策を持って是正策を講じなければならない。バカなマスコミが「学問の自由や言論の自由」を阻害すると言って反対するだろうが、日本学術会議自身が「学問の自由や言論の自由」を阻害する行為を行うから、強制的な是正策を行わなければならないのだ‼

ロボット、人工知能、情報通信、自動車の自動運転、高機能な新素材など、新規の研究と技術の広がりは限りがない。軍事研究にしても、サリンの研究なしにはサリン攻撃を受けた時の対応の仕方は分からない。北朝鮮が核弾頭を積んだミサイルを発射してきても、これを空中で撃ち落とす技術を持っていなければ、日本は安全ではないのだ。

日本は自衛のための航空機、イージス船、ミサイル迎撃システム、その他の近代的兵器のほとんど全てを米国に売ってもらっている。かつては売ってくれる兵器は古いヴァージョンで一周遅れのものばかりであったが、さすがに最近は最新の、またそれに準じるものを売ってくれるようになった。それでもなおかつ、ソフトウエアの部分は完全にブラック・ボックスであるから、日本の軍事力は完全に米国に支配されたままである。

●ドローン技術の立ち遅れ

一つ分かりやすい例を挙げておこう。現在ドローンを使った新技術の急速な応用には目を見張るものがある。例えば、8K画像技術を組み合わせての「見える化」を通じての災害対策、農業新技術など、目覚ましいものがある。

ドローン（Drone＝雄蜂の意）とは、射撃訓練用の軍事用標的機として一九九〇年代に開発されたラジコン機が元となっている技術だ。英国ではQueen Bee（雌蜂）と呼ばれたが米国では雄蜂と呼ばれた。余談だが、マリリン・モンローはターゲット・ドローンを作っている工場でプロペラを取り付ける作業員として働いていた。

基本特許や製造技術などの面では米国、韓国、及び中国が抜きんでている。特に韓国では、ドローンの特許権を巡る競争が激しさを増している。韓国特許庁は二〇一五年中に出願されたドローン関連の特許が合計三百八十九件、すなわち前年比で約一六一％増と発表した。ドローン飛行体および運用技術分野が、全出願の半分以上を占めた。

中国も負けてはいない。特に力を入れているのは高精細画像の撮影用ドローンだが、中国は世界の産業用ドローン市場一千九百億円のうちの約七〇％を占めるという。既に訴訟合戦が始まっている。米国カリフォルニア州で民間用ドローンで最大シェアを誇る韓国のＤＪＩ社が中国のＹｕｎｅｅｃ社を、「ターゲットを追尾するシステムと方法」「交換可能なプラットフォームのマウント」という二つの特許を侵害したとして訴訟を起こして、販売差し止め要求している。

日本政府も最近ようやく、ドローン関連規制を整備する一方、民間企業も続々と技術開発に乗り出している。しかし、**既に特許、市場、製造技術、及び価格の面では、米国、韓国、中国にすっかり抑えられてしまっているから、日本は手も足も出ない。**従って、専ら新規応用面の開発に注力せざるを得ない情況である。

第三節　研究開発に積極果敢な投資を

●二位じゃダメなんでしょうか

民進党（旧民主党）は自身が暗黒史観に陥っているだけでなく、そうした史観を推進しようとしている、もはや〝つける薬はない〟政党である（平成二九年九月の時点で解党しそうな気配だ）。政権を握っていた時代、彼らは財政再建を言い訳にして、積極果敢な研究投資案件に対して、絶対反対の構えだった。

研究開発の基本であるスーパーコンピューター（以下、単に「スパコン」と称す）の開発予算について、平成二一（二〇〇九）年の事業仕分で、研究開発予算二百六十七億円の妥当性を審議した時に、知識も見識もない仕分け人の蓮舫議員が「世界一になる理由には何があるんでしょうか？　二位じゃダメなんでしょうか」などと発言して、予算を凍結してしまった。

その後の大臣折衝などを経て、翌二二年度に百十億円の予算がついた（文科省の要求額は二百六十八億円）。しかし、この事件を機に、日本は世界のスパコン開発競争からほとんど脱落してしまった。

●世界のスパコン開発競争

当時、英国の「ネイチャー」誌は、「日本の事業仕分けは数年で落ち着くかもしれないが、このままでは今後数十年にわたって日本の科学技術に壊滅的な影響を及ぼす可能性がある」と指摘した程だ。

計算速度を争うスパコン開発競争では、かつては日米中の三国が世界で激しく争ってきていた。かつて日本は平成一四（二〇〇二）年に海洋研究開発機構の「地球シミュレータ」が第一位となったことがある。その後は米国が首位を占める時期が続いた。平成二一（二〇〇九）年の事業仕分けで後れを取った。しかし平成二三（二〇一一）年に理化学研究所の「京」が首位を奪還したが、その後は、再び中国に大きく水を空けられてしまった。

その後は中国が連覇しておりほとんど独走してきた。平成二八（二〇一六）年六月に発表されたランキングでは、純中国製の神威太湖之光（Sunway TaihuLight、タイフーライト）が世界一位を獲得した。その速さは「京」の十倍にも達した。

中国はスパコン開発になんと十兆円（!!）もの資金を注ぎ込んでいるが、日本では、「京」の百倍の計算能力を持つ後継機「ポスト京」の開発への総事業費でさえ、たったの約一千三百億円（うち国費は約一千百億円）だ。とても勝負にならない。なお、蓮舫議員に「二位じゃダメなんでしょうか」と言われた時に問題とされた研究開発予算はたったの二百六十七億円だった。

しかし、平成二九（二〇一七）年になってようやく復活の兆しを見せ始めている。大切にしたいものだ。同年六月には、海洋研究開発機構の「暁光《ぎょうこう》」が登場して、現在ランクを駆け上がりつつある。「暁光」は冷却用のフッ化炭素系液体「フロリナート」をたたえた液浸槽型スパコンで、同年中には世界第三位に躍り出る見込みだ。

平成三〇（二〇一八）年以降には中国からトップの地位を奪う可能性すらあるとのこと。開発現場は、株式会社ペジー（ＰＥＺＹ）コンピューティングを中心とするベンチャー企業グループだ。

次世代スパコンとして各国が目指しているのは「エクサ（一兆の百万倍）級スパコン」で、「京」の百倍もの計算速度を持つ夢のスパコンだが、「暁光」が、その一番乗りとなるかもしれないのだ。日本としては国策として、せめて開発費用の支援を思い切ってやって欲しいものだ。

あらゆる科学技術開発の基礎になっているスパコン開発がこのような体たらくでは、日本の科学技術開発力の復活は難しいと言わざるを得ない。スパコンは、人工知能の開発計画、ロボット技術、ｉＰＳ細胞の実用化計画、気象科学（正確な天気予報に欠かせない）、更には薬の Re-positioning（新用途探索）計画、その他のあらゆる科学技術開発計画に決定的な影響力を持っている基本技術なのだ。

日本のスパコン開発グループには、前述の海洋研究開発機構を始め、理化学研究所、富士通、JCAHPC（Joint Center for Advanced High Performance Computing）、京都大学、東京工業大学、学術国際情報センター、産業技術総合研究所人工知能研究センター、国立環境研究所、東京大学など、実に多士済々である。

特に東京大学工学系研究科教授の古澤明氏と同助教の武田俊太郎氏は平成二九（二〇一七）年九月に、大規模な汎用量子コンピューターを実現する方法として、一つの量子テレポーテーション回路を無制限に繰り返し利用するループ構造の光回路を用いる方式を発明し、世界の最先端を走っている。

ここまで盛り返して来たのだから、間違っても日本学術会議の「あらゆる軍事利用の可能性のある研究開発には協力しないように」などという亡国反日的な呼びかけには耳を貸さないで頂きたい。

「二位じゃダメなんでしょうか」政策の後遺症は、自民党が政権を取り戻してからも、依然として残っている。こうした傾向は、大学や各種研究機関による軍事研究への非協力姿勢と決して無縁ではないだろう。スパコンは、軍事にも民生にも共通する技術インフラだ。軍事利用につながる可能性のある科学技術研究は一切やらないなどと言っていたら、何もできない。

第六章　国民を委縮させる教育

第一節　日教組の偏向教育

●日本の教育が抱える諸問題

日本の教育に潜む問題点はあまりにも広範多岐にわたっている。例えば、日本の教育は「落ちこぼれを出さないで、全員に一定レベルの教育をほどこす」ことを原則としているので、飛び級制度もないし、能力別学級編成もほとんど行われていない。必定、教師の授業のレベルはクラスの最低学力の子供たちに合わせざるを得ない。だから、とびぬけて優秀な子供は育たない。

また、与える、教える、教育が中心なので、「自ら考えて創造する力」は育ちにくい。だから起業家はなかなか出てこない。更に、教科が標準的に組まれているので、それ以外の分野に秘めたる能力を持っている子供は、それを発揮できるチャンスがないから劣等生になってしまう。つまり、現在の学校教育下では価値観が固定化されているために、それに合わないと評価されないのだ。等々、枚挙に暇がない。

こうして、教師の与える授業内容を暗記するばかりの子供ばかりになってしまう。そして、雑学とクイズには強いが、判断力、応用力、実行力、倫理性、社会性に乏しい子供が東京大学に入学して官僚になり、日本を誤らせているのが実情だ。

しかし、本書の趣旨はそうした教育全般について論じることではない。日本人の心に長く棲みついて害毒を流し続けた『永久革命の種』との関連において、教育の問題を考察することにあることをご了解いただきたい。

●GHQが日教組を作った

マッカーサーは、大東亜戦争で日本国民が示した勇猛果敢さの牙を抜いておかないとアメリカの国家安全を脅かされる、と考えて弱民化を真剣に考えた。そしてその為の最良の手段は「教育の左傾化」であると考えた。
GHQは日本の**教育の左傾化を共産主義者と手を組むことによって推進した**。これをGHQにおいて担当したのは、カナダの共産主義者であるハーバート・ノーマンであった。彼は手始めに投獄されていた徳田球一、志賀義男、野坂参三をはじめとする約三千人の共産党員を釈放した（後になって米国は、これは重大な誤りであったと悔いた）。

ＧＨＱは労働組合の結成を奨励し、教育の面に於いても昭和二〇（一九四五）年という終戦後間もない時期に全日本教員組合（全教。翌年より「全日本教員組合協議会」）を結成せしめた。全教は、昭和二二（一九四七）年には社会主義志向の全日本教職員連盟（教全連）と合併し、教員五十万人を擁する巨大組織、日本教職員組合（日教組）が誕生した。

これを側面から支えたのはＧＨＱによる教職追放であった。十二万人もの自由主義的な傾向を持つ教員が教壇を追われた。更にＧＨＱは、それまでの中央集権方式だった教育システムを打破して各自治体に教育委員会をつくり、文部省の権限を地方に分散させた。この動きは急速に左派の活動家を地方自治体に浸透させる結果となった。

さすがにマッカーサーは予想以上に日本に巨大な共産勢力が誕生してしまったことを知り、今度は逆に教員を含む公務員の争議権、団体交渉権を禁止するという是正措置を打ち出した。昭和二五（一九五〇）年には共産党や赤旗の幹部四十一人、及び教員五千人を追放したが、後の祭りで、たいした効果はなかった。既に教育の主導権を握った日教組は、日本の教育の破壊を推進して革命を志向していったのである。

●日教組による教育の破壊

昭和三三（一九五八）年に「道徳の時間」が新設されたが、日教組はこれに激しい反対運動を展開して、全国で反対の集会を開き、奈良では指導講習会会場の門扉を破壊するなど暴力的行為を繰り返した。

その後も、日教組の教員たちは、早速、判断力が未熟な小学生や中高生に対して刷りこみ教育を行った。学校の行事で国旗を掲揚することに反対し、国歌斉唱が嫌な人は起立をせず座ったままでもいいと指導し、過激な性教育を実施し、そして自分の良心に従って行動しさえすれば共同社会のニーズなどは気にしなくても良いと教育した。偏向した歴史教育においては、子供たちは、日本人として生まれたことを恥ずかしく思うような教育をされた。

平成二二年には、中村譲日教組中央執行委員長は「なんで日本だけを愛さなきゃいけないの。今はグローバルな時代だって。日経新聞だっていつもそう書いてるじゃない。そうした時代の中で、じゃあなぜ日本だけを大切にするの。大相撲で、朝青龍や把瑠都は土俵に上がるな、ということ?」という愛国心を否定する意見を言ってのけた[68]ものだ。

更に日教組は、子供たちに平和教育という名の「洗脳」を施した。彼らは、自由と権利、個人の尊重を過大に強調し、家族、故郷、国、社会に対する義務と責任を過小に評価した。全ての争いは悪であると教え込み、子供たちが平和ボケになるように仕向けたのだ。

68）中村譲・日教組中央執行委員長の「なんで日本だけを愛さなきゃいけないの」発言：。http://www.asyura2.com/09/cult7/msg/545.html

そして日本社会は、「戦争には行きたくないジャン」「ラクして楽しく生きたいジャン」という軽薄な若者たちで溢れかえるようになってしまったのである。嗚呼！

それは戦後七十余年も経った現在においても、引き続き行われており、是正されていない。そして、いまだに日本人として生まれたことを恥ずかしく思う、亡国反日日本人をせっせと育てているのである。安倍内閣の「国を愛する心」や「日本の伝統尊重」を盛り込んだ教育基本法改正に強く反対し、「ゆとり教育」を推進するなど、日本の教育を破壊し続けた。

さすがに日教組の組織率は昭和五二（一九七七）年以降、四十年間連続して低下を続け、平成二八（二〇一六）年には、組織率は二三・六％（前年比〇・六ポイント下落）となり、過去最低を更新した。しかし、労働者革命の為の教育破壊を目指す「日教組」は、確信犯組織であるからまだまだ力は残っている。これを解体しなければ、日本の教育に未来はない。

第二節　教科書問題

■教科書検定制度

日本政府は、国連ユネスコの世界記憶遺産が反日的であると抗議している。しかしそれよりもまず、文部科学省による教科書検定制度を見直すべきではないか。ユネスコが南京事件や慰安婦問題を世界記憶遺産に登録したことよりも、日本の文科省の教科書検定制度の方が実害は大きい。日本の教科書検定制度は、『永久革命の種』の影響にドップリと浸かったままでいる。筆者の意見では、こちらの方がユネスコよりもずーっと反日的であるから、至急に修正をすべきだ。

●検定制度

教科書検定制度は、教科書の著作、編集を民間に委ねることにより、著作者の創意工夫に期待するとともに、検定を行うことにより、適切な教科書を確保することをねらいとして設けられている。小中高等学校等の教育課程の基準として学習指導要領を定めるとともに、教科の主たる教材として重要な役割を果たしている教科書について検定を実施している。

平成二八年現在で、文部科学省検定済教科書は、九百五十八種類、発行点数は一千二百八十六点あり、約一兆六百十五万冊もの巨大な需要（最大は小学校用で約七千七十八万冊、次が中学校用で約三千五百三十三万冊）があり、発行者数は五十五社もあって激烈な競争が行われている。ビッグ・ビジネスなのだ。なお、検定済教科書は、通常四年毎に改訂の機会があり、大幅な内容の更新が行われる。

教科書は通常、民間の教科書発行者において編集され、文科省に申請される。申請された図書は**教科用図書検定調査審議会**に諮問され、文部科学大臣は審議会の答申に基づいて検定の合否を決定する。合格した図書は、学校の設置者である都道府県や市町村の**教育委員会**（国立、私立にあっては学校長）が調査研究の上、使用する教科書を採択する。

●検定手続き

教科書の検定手続きは、文部科学省のＨＰ[69]によると次の通りとなっている。申請された図書は、まず文部科学省の教科書調査官及び教科用図書検定調査審議会委員による調査を受ける。専門の事項調査などの必要があるときは、教科用図書検定調査審議会におかれた専門委員が調査に当たる。これらの調査結果は、教科用図書検定調査審議会に報告される。

審議会では、種目ごとに大学の教授などからなる委員が自らの調査に加えて、報告された調査結果も参考にして、記述の内容が学習指導要領に適合しているか、教材の選択や扱い方が適切か、誤りや不正確なところがないかなど慎重に審議し、合否の判定を行う。ただし、必要な修正を行った後に再度審査を行うことが適当であると認める場合には、文部科学大臣は合否の決定を保留して検定意見を通知する。検定意見の通知を受けた申請者は、検定意見に従って修正した内容を修正表によって提出する。修正が行われた申請図

69）教科書の検定手続き：http://www.mext.go.jp/a_menu/shotou/kyoukasho/010301.htm#02

書は、再度審議会の審査に回付されて、その答申に基づいて最終的に合否の決定が行われる。

この検定手続きの段階に、かなり問題があるように思われる。教育の現場は、いまだに左翼系の活動的な教職員に牛耳られたままになっている。その結果、自虐史観に満ちた左翼的な偏向教科書が、いまだに圧倒的に高い採択率を占めている。

平成一六年（二〇〇四）年度検定以降は、中学校教科書では各社は慰安婦問題や河野談話には一切言及しなかったのだが、最近になってこれを敢えて取り上げた教科書が現れた。『学び舎《しゃ》』の歴史教科書である。当初、申請した教科書では女性の強制拉致を強く示唆しつつ取り上げたので不合格とされたが、後に、大幅に修正して再申請し、合格したものである。

平成二七（二〇一五）年度には、この『学び舎』歴史教科書が文部科学省の検定に合格して新規に参入してきた。この教科書は「河野談話」を紹介し、かつアジアでの旧日本軍の加害行為を非難する〝凄まじき中身〟だ。朝日新聞は早速、学び舎の教科書について、「届けたい面白い歴史教科書」と好意的に報じた。執筆者は全国の二十代から七十代までの左翼の現場教師だ。

平成二七（二〇一五）年四月から「学び舎」の教科書が、筑波大付属駒場中や灘中など最難関校と呼ばれる学校を含め、少なくとも三十以上の国立、私立中で採択された。私立中では採択権が教育委員会ではなく学校長にあり、関係法令に基づき採択理由を公表する努力義務もあるのだが、採択した大半の学校が採択理由を非公表としている。

こういう教科書がどうして検定を通るのか不思議でさえある。こうなると文科省の検定基準こそが亡国的であると断じざるを得ない。

これとは逆に、自由社の教科書は、南京事件問題についての真実を述べた記述が、反省が足りないと判定されて何回も検定意見がつけられて再審査となった。教科書調査官、教科用図書検定調査審議会委員、及びその専門委員が有する南京事件についての見解に合わなければパスしないのだ（慰安婦問題についても同様である）。

自由社は、平成二七（二〇一五）年に至って、全く南京事件に言及しないで検定に出したところ、ようやく合格した。虚構の「南京事件」に言及せず、実在した「通州事件」（中国による日本人虐殺事件。後述）を書いた唯一の歴史教科書が、平成二七年に初めて誕生したのだ。

●検定の基準

検定制度における最大の問題点は検定の基準だ。文部科学大臣が平成二五年一一月一五日に発表した『教科書改革実行プラン』において、検定基準について以下のような制度改善[70]が示された。現在、この基準によって検定が行われている。

70）文科省の検定基準改善策：http://www.mext.go.jp/a_menu/shotou/kyoukasho/gaiyou/04060901/1349391.htm

①未確定な時事的事象について記述する場合に、特定の事柄を強調し過ぎていたりするところはないことを明確化する。

②近現代の歴史的事象のうち、通説的な見解がない数字などの事項について記述する場合には、通説的な見解がないことが明示され、児童生徒が誤解しないようにすることを定める。

③閣議決定その他の方法により示された政府の統一的な見解や最高裁判所の判例がある場合には、それらに基づいた記述がされていることを定める。

さぞかし優秀な官僚の作文なのだろう。一見、極めて公平で妥当な基準のように見える。しかし、実は最も重要な、**どういう国民を育てたいのかという目的意識が欠落している**。目的がはっきりしているなら、①の特定の事柄を強調していても一向に差し支えないし、②の通説的な見解の有無を気にする必要もない。ある目的を達成するためには、通説的な見解は無視せざるを得ない時さえある。アカデミズムはそれほど信頼に値するものではない。

多くの学者は自分の説が後に誤りであったと分かっても、修正論文を発表するが如きはやりたがらないから、通説は何時まで経っても修正されない場合が多いのだ。③はむしろない方が良い。慰安婦問題における「河野談話」の悪影響が良い例だ。

例えば日米戦争は、日本の軍部が米国の実力もわきまえずに無謀な戦いに突入したのが始まり、というのが通説になっている。しかし前述のように、二〇〇〇年までの間に実に十一回にも及ぶ米陸軍、海軍、及び上下院による調査委員会や査問会議の結果、これはルーズベルト大統領の国家反逆罪にも相当する権謀術策によるものであったことが明らかになった。

真相は、ルーズベルト大統領が対独戦争に参入する為に日本に無理難題をぶつけて追い詰め、かつ情報を在ハワイの軍当局に隠蔽して被害をわざわざ大きくして米国民を憤激せしめて、日本との戦争を開始したものであることが分かっている。

しかし、それを明らかにすると東京大空襲、原爆投下、東京裁判などを引き続き正当化し続ける事ができないので、米国は、米国情報公開法における公文書の通常の機密期間は三十年であるのに、例外的に六十五年とした。これは米国の歴史家の間ではタブーになっている史実である。日本も敢えてタブーをつついて政治問題にして米国の痛い腹を探って日米関係を拗らせても国益に資するものはない。政治外交の世界では、米国の自浄作用に任せて置いた方が得策である。ただし、政治外交問題以外の世界では別である。

慰安婦問題についても、日教組は「子供も真実を直視すべきだ」という。しかし、多くの国の軍隊が世界中で、如何に女性に対する凌辱問題を頻発せしめていたかという〝真実〟まで、理解力も判断力も十分には備わっていない子供に〝直視〟させる必要はない。

日本が韓国において女性を強制的に拉致した事実は無い。慰安婦は存在したが、彼女らは高給をもらった自由な売春婦だったのだ。それを教科書に載せるのであれば、戦後の米軍兵士により頻発した日本女性の強姦事件、ノルマンディー作戦終了後にフランスで起きたすさまじいばかりの暴行事件（レイプの被害者が約一万四千人）、中国軍が起こした通州事件なども載せなければ公平でない。

日本を慰安婦問題で執拗に責める韓国にしても、同様の問題がある。朴正煕（元）大統領時代に約三十万人以上の韓国兵をベトナムに派兵したが、韓国兵はベトナム女性数千人に対して性的暴行を行い、その結果生まれてベトナムに置き去りにされた「ライダイハン（雑種の意）」は数千人以上いるとされる。南ベトナム政府の崩壊により、共産党政権下でライダイハンは「敵国の子」として迫害され、差別されてきたという。

産経新聞記事[71]によれば、ベトナムで韓国兵の暴行の犠牲者になった女性を救おうと、英国の市民活動家ピーター・キャロル氏等の呼びかけにより、平成二九（二〇一七）年七月一二日に民間団体「ライダイハンのための正義」が設立された。

設立イベントにはブレア、ブラウン両政権下で司法相や外相などを務めた労働党の重鎮、ジャック・ストロー氏も参加して基調講演を行った。その中で同氏は、「ベトナムで

71）英国に設立されたライダイハン抗議団体；産経新聞『歴史戦』2017・9・19

韓国兵が行った性的暴行は重大な人権問題だ。被害女性が求めているのは賠償ではなく謝罪。韓国政府は女性たちに謝罪すべきだ。人権重視の英国から被害実態を調査することを国際社会に求めたい」と述べた。

同団体のメンバーで英国人フリージャーナリストのシャロン・ヘンドリーさんは、ライダイハンを育てたというベトナム女性七人から被害実態を聞いた。韓国兵は多くのベトナム女性に性的暴行を加えたり、慰安婦として強制的に慰安所で働かせていたりしたと指摘した。ヘンドリーさんは「人間として恥ずべき行為がベトナムで行われた。国際社会が被害女性と子供たちを救うため立ち上がるべきだ」と話した。事実関係究明のため、英国議会に調査委員会設置を求める考えも表明した。

英国人彫刻家、レベッカ・ホーキンスさんは被害女性とその子供たちのために制作した約四十センチの「ライダイハン像」を披露。同団体では等身大のライダイハン像を制作し、在ベトナム韓国大使館前などに設置して世論喚起することを検討している（記事要約文責は筆者）。

これは「軍隊と性[72]」という人類の歴史始まって以来の深刻な問題なのだ。子供に理解する能力はない。この検定基準の問題は、次項で再論する。

72）「軍隊と性」の問題：『日本人を精神的武装解除するためにアメリカがねじ曲げた日本の歴史』青柳武彦　ハート出版　2017　206～213ページ参照

■英国の自虐教育の是正

●自虐史観に苛まされていた英国人

日本と同様に、英国人もかつては自虐史観に悩んでいた。自虐史観をもたらしたのは、労働党が主体となって作った「一九四四年教育法」だ。これは、保守党と労働党の連立政権の時代にできたものだが、チャーチルは外交問題に忙しかったので、国内問題は労働党に任せきりにしてしまった。その影響により英国は国中に自虐史観がみなぎっており、青年は活力を失っていた。

英国の教科書には「大英帝国ほど世界で悪い国はない」と書かれ、「英国は、植民地支配によってたくさんの人殺しをした国だ。そこにあなたたちは生まれたのだ」と子供たちは教えられていた。この自虐史観に非常に批判的だったのはサッチャーであった。

一九七九年に、こうした環境の中で保守党の単独政権が誕生して、サッチャー首相が誕生した。サッチャーは早速自虐史観を否定する事業にとりかかったが、そのために自分は極端な人種偏見主義者であることを隠さなかった。

一九八八年九月二〇日にサッチャー首相は欧州の政治家を相手に歴史認識に関する演説を行ったが、その中で「ヨーロッパ人が如何にこの世界の多くの土地を探検し、如何に文明化を推進するために植民地化を推進したのは、まことに素晴らしい勇気と才覚の物語でありました」と言ってのけた。白人種は「白人の重荷」（Whiteman's Burden）を背負って野蛮な民の世話を焼くために植民地化という文明開化の事業をやったのだ、というわけだ。

サッチャーの人種偏見は頂けないが、彼女は英国中に蔓延していた**自虐史観を打破して英国人の誇りを回復しない限り繁栄はあり得ない**として、教育の大改革を断行したのである。サッチャーは、「歴史には光と影がある。事実をバランスよく、発達段階に応じて教えるべきだ」という考えであった。

●一九八八年教育法

サッチャー首相は「一九八八年教育改革法」を制定して、教育の内容や実施の最終的責任を地方自治体や現場の教職員から取り上げて、国家の責任でこれを行うようにした。サッチャーは「問題は、偏向教育そのものにあるのではなく、偏向教育を是正できない国家の無責任体制にある」と主張した。但し、過度の自虐史観を是正するためとはいえ、サッチャーが敢えて人種偏見を表に出して「植民地化の何が悪い」と開き直ったのは間違っている。中国に麻薬（阿片）輸入を実質的に強要して代金取立てのために武力を行使した阿片戦争などは、どんなレトリックを駆使しても文明開化の一端などと位置づけることは不可能である。

マーガレット・サッチャー

しかしそれはさておいて、当時の英国が自虐史観に苛まれて何事についても後ろ向きになっていた風潮を、何としてでも是正しようとした姿勢に限っては、是非とも日本も手本としたいところだ。改革のポイントは、「**どういう国民を育てたいのか**」であった。史実の真偽や通説などは関係が無いのだ。

その為には前述の、①の「特定の事柄を強調し過ぎないか」とか、②の「通説的な見解がある数値かどうか」とか、③の「政府の統一的な見解」に添っているか、などという問題などは些事である。捉われるべきではなかった。

サッチャーは、最重要な〝自虐史観の払拭〟という一点に集中したのである。日本の教科書検定基準も、どういう国民を育てたいのか、という一点に集中すべきである。『永久革命の種』の影響から逃れて自虐史観を脱却するという観点は、極めて重要だ。「通説に添っているか」などということを気にすることはない。日本は、日本独自の歴史認識を主張すればよいのだ。

第七章　主要国の軍事費

●SIPRI発表の主要国の軍事費

ストックホルム国際平和研究所（Stockholm International Peace Research Institute SIPRI）は平成二九（二〇一七）年四月二四日に、二〇一六年における世界の軍事費動向をまとめたレポート〝Trends in World military expenditure 2016〟を発表して、主要国の軍事費の推定値を発表[73]した。

二〇一六年における世界全体における**軍事費総額は一兆六千八百六十六億米ドル**だったが、**米国と中国の二国だけで全世界のほぼ半分**の四九％を占めている。

日本はたったの二・七％だ。ロシアには軍事大国との印象が強いが絶対額は意外に少ない。しかし対GDP比は五・三％と、石油産油国や日々アラブとの紛争に明け暮れているイスラエルを除くと世界トップで、米国の三・三％をはるかに凌駕している。

なお、北朝鮮は上位十五カ国に入っていないが、対GDP比率は圧倒的に高く、二三・三％ほどと観測されている。

73）http://www.garbagenews.net/archives/2258794.html

世界の軍事費シェア

（2016 年）米ドル換算
上位 10 位＋その他
* は推定値、SIPRI 発表

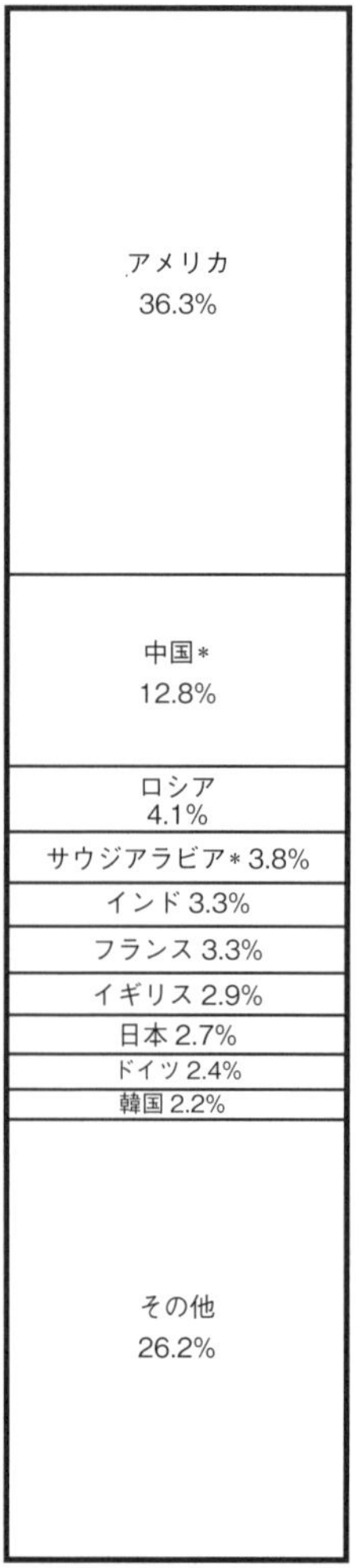

主要国軍事費

（2016 年）米ドル換算
上位 15 位、億ドル、* は推定値、SIPRI 発表

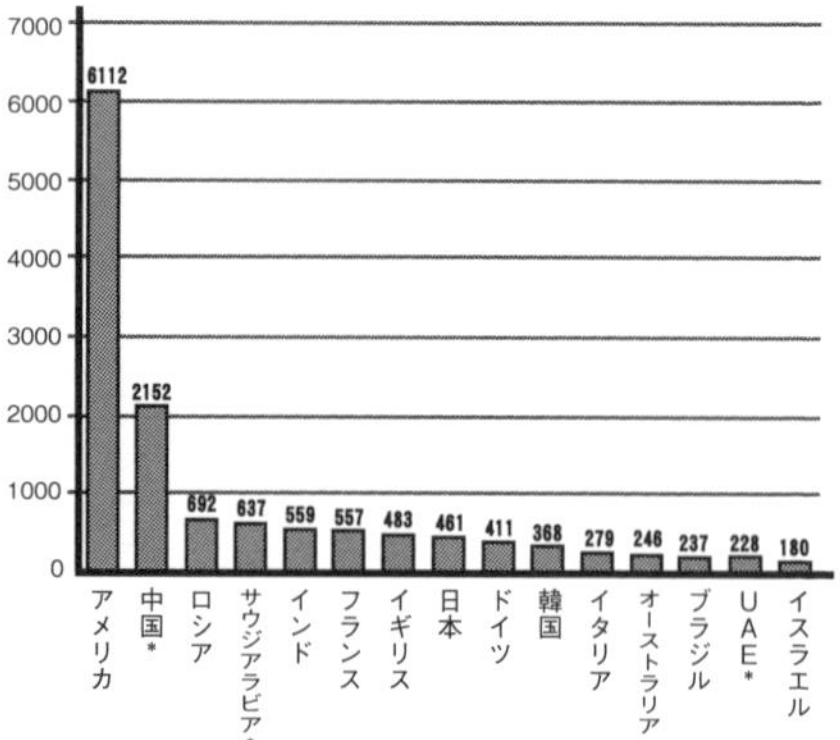

主要国軍事費対 GDP 比

（2016 年）米ドル換算で上位 15 位の順、
対 IMF 発表による GPD 比率、* 印は推定値参照、SIPRI 発表

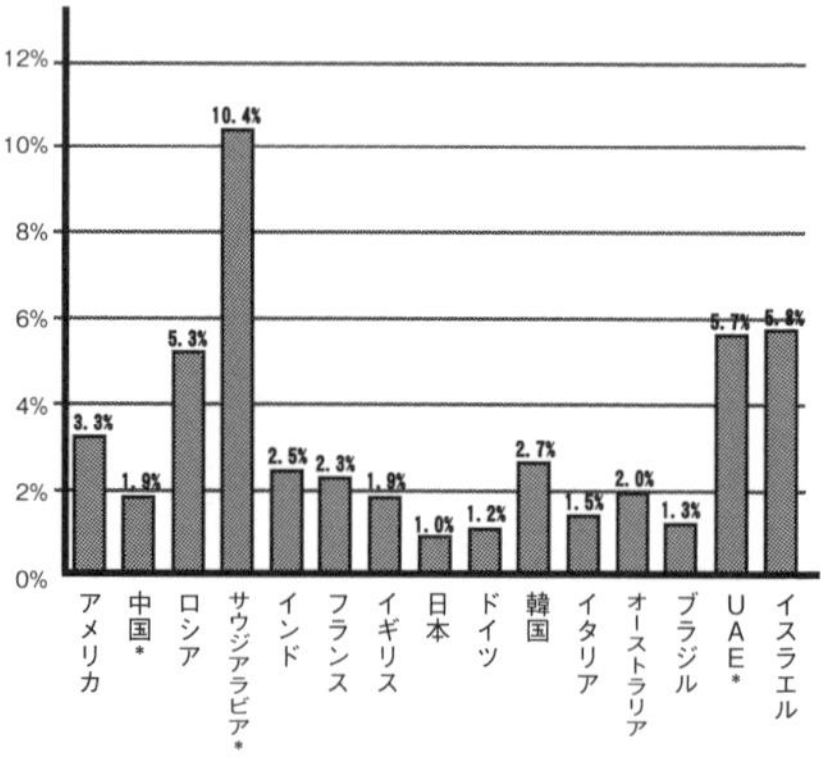

●日本

日本の軍事費予算策定の面にも『永久革命の種』は生きている。そもそも日本という国家の命運を決定する軍事費は、防衛上の必要性と国の能力に応じて決定されるべきである。前もってGNPとの比率を決めておく（しかも一％などという低率！）などは本質をわきまえない暴論だ。

必要なら、「国民は草を食べても、国を護る軍事費は確保すべき」なのだ。そもそも北朝鮮や中国からの軍事的脅威が身に染みているはずの現在においてさえも、軍事費一％枠の撤廃は反対だのヘッタクレなどという論議が存在すること自体が、亡国の自殺願望に過ぎない。

なお、NATO（北大西洋条約機構）は、加盟国に対してGDPの二％以上を防衛費とするよう要求しているが、二〇一六年現在この基準を満たすのは二十八の加盟国のうち五カ国（米、英、ギリシャ、エストニア、ポーランド）しかない。仏や独も要求を満たしていないのだ。

米マティス国防長官は二〇一七年二月一五日、ブリュッセルで開催されたNATO国防相理事会において、年内に負担の増額計画を具体的に示すよう求めた。そして、「米国の納税者はこれ以上、不均衡な負担をすることはできない。米国民は、あなた方の子供たちの未来の安全保障について、あなた方以上に気遣うことはできない」と述べて、もし要求が満たされない場合には、米国はNATOへの関与を抑制せざるを得ないとの警告を発した。

このメッセージは日本国民にも向けられていると承知すべきである。この際、日本の防衛力を根本的に改善するために、二～三%くらいに大幅アップをするべきだろう。なお筆者は、日本は通貨発行益（「中国の軍事費」項で後述）を活用して、思い切った増額を果たすべきと考えている。

直近の平成二八（二〇一六）年における日本の防衛費は、五兆二百二十四億円、米ドル換算では四百六十一億ドル（SIPRI調査の数値）となっている。国際情勢、特に周辺地域の情勢により大きな変化を示すべきであるが、日本は百年一日の如しである。二〇〇七年から二〇一六年までの九年間の変化は絶対額で約二・五%増えただけだ。一人当たりの軍事支出は三百六十五ドルだ。十分とは言えないにしても、決して低くはない負担額だ。世界で、日本は仏英に次いで第八位である。兵力は約二十四万人で、先進諸国の中では最少である。

それなのに、日本の国際社会における安全保障面での地位は、全くと言ってよい程、主体性のないものとなっている。米国に追随せざるを得ない立場にあるし、独自の強力な軍事力を持っているわけでもないから、当事者能力もない。度重なる北朝鮮からのミサイルや核の恫喝に対しても、日本は国際的な協調の上で対応すべきであると、外野からオズオズと言わせて頂く以外には何の意見も言えない。これで、一人前の独立国家と言えるだろうか。

『永久革命の種』にあまりにも長い間、毒され続けて来た弊害がこうした危急存亡の秋《とき》に出てくるのだ。マッカーサーの「未必の故意」の意思が実現されようとしているとまで言うのは言い過ぎだろうか。日米同盟は、今後とも強化して行かないといけないが、その努力をする過程で是正して行くべき課題がいくつかある。

第一に、日本は武器などの装備を、ほとんど言い値で米国から買わされている。もっとも、日本が望むような高性能な武器を売ってくれるところはどこにもないのだから仕方がない。

第二に、武器の運用の為のソフトウエアは完全にブラック・ボックス化されていて、日本には使用許諾を与えるだけで、詳しいことは何も教えてもらえない。一旦、米国がソフトの使用権を不許可にしたら、日本は買った武器でも使うこともできなくなるのではないだろうか。いずれにせよ、日本の独自性などは皆無だ。

第三に、そういう情況下では、日本が独自の防衛行動を取ろうとしても、米国の了解なしには指一本動かすことができない。北朝鮮の脅威の中でも日本は何ら主体的かつ独自の行動を取ることはできない（許されない）から、安倍首相も国際協調の中で解決努力をしようという程度の話しかできない。もし米国が独自の判断で決定した行動が、日本にとっては都合が悪いものである場合でも、拒否することはできない。これでは真の独立した国同士の同盟関係とは言えない。

日本は、武器の開発能力も生産能力も低く、独自の安全保障政策を持つことも許されない、全く主体性を失った国家になり下がっている。前述したが、軍事研究につながる可能性のある研究開発を、日本学術会議が主導して拒否していることが大きい。

日本は、米国との同盟関係を維持し強化して行かなければならない事には変わりはないが、日本として自主性を持って対等の立場で日本の意見を堂々と言えるようにするべきである。その為には、「日本はたとえ単独でも自衛力を発揮して日本を護りきる準備と覚悟」を持って、自衛力の強化を果たさなければならない。たとえ百年かかっても良いとの覚悟を持って、今すぐ始めなければいけない。

現在では、米国に「おんぶにだっこ」の状態だが、前述の通り、全面的に頼り切れるような状態ではない。日本は精神的にも物理的にも、独立独歩の体制を確保すべきである。米国は、日本がそうなってはじめて日本を頼もしい同盟国と認めてくれて、同盟関係も信頼できるものとなる。

対米追従を批判して嘆く声も聞こえる。しかし、それは日本の安全保障を米国に依存している以上、ある程度はやむを得ない所だ。嘆くべきは対米追従そのものではなく、その原因となっている平和ボケした日本人の防衛意識の低さと、愛国心の欠如という、〝**精神の堕落**〟である。

●軍事費一％枠

日本は、米国では「チープライダー」と言われている。Ｊ・ルース（元）駐日大使は平成二二（二〇一〇）年に行った演説で、「日本の防衛支出は、ＧＤＰのたったの〇・八五％（二〇一六年では〇・九九％）で、世界からは日本が応分の防衛努力をしているとは見られていない」と指摘した。

たしかに昭和五一（一九七六）年に「軍事費は対ＧＮＰの一％以内」と閣議決定されて以来、実に四十年以上も実質的に横ばい状態なのだから、ルース氏の言う通りだろう。日本の軍事費一％限度制は、三木内閣で閣議決定された後に、正式に撤廃されたのか、されていないのか事実問題として判然としない。田村重信氏（自民党政務調査会審議役）は、はっきりと撤廃されたと主張[74]しておられるが、筆者は疑問に思っている。たしかに中曽根内閣が閣議で撤廃を決定したのは事実であるが、一向に実行されていない。

翌年の昭和六二年から三年間は一・〇〇四％、一・〇一三％、一・〇〇六％と、それぞれ僅かではあるが一％を超えたように見えるが、こんな程度は誤差の範囲内だ。しかもこの数字は事後の計算値だ。比率は経済成長率や物価上昇率、補正予算などで大きく変わるものである。予算策定時には、実質的には一％ちょうどに抑えられていた。

中曽根内閣による一％枠廃止の決定は、昭和六二（一九八七）年度の予算編成にあたっ

74）軍事費一％枠撤廃説：『防衛政策の真実』田村重信著　育鵬社　2017　67～68ページ

て行われた昭和六一年一二月三〇日の「閣議」及び「安全保障会議」においてなされた。すなわち、「対GNP一%枠を定めた『当面の防衛力整備について』は適用しない。新たな歯止めの基準は必要とするが、これについては、今後慎重に検討する」旨が決定[75]された。「今回はちょっとはみ出すが、今後は慎重に検討する」と言っているだけだ。その後に、〝慎重に検討〟された形跡はない。筆者は、もちろん一%枠などには絶対反対であるが、こんなフニャフニャした決定では、誰も撤廃されたとは認識しない。

なお、GDPは付加価値の総計であるが、日本の場合は経済規模の実力を表す指標としては問題が生じつつある。日本のGDPは、実力よりもはるかに低く計算されているから、軍事費がGDPの一%といっても実質的な比率はもっと低いのだ。

日本の技術開発はロボットの利用や、あらゆる作業の機械化を推進する方向に目覚ましく進んでおり、人件費は節約されて効率も上がっている。身近なところで計算機を見てみよう。かつては重くて大型で数万円もしたものが、今ではたったの百円だ。

回転寿司屋でも寿司を握るのは全部機械だ。もし生産費が三分の一になって消費が三倍以上に増えれば、生産性の向上はGDPを押し上げるが、消費の伸び率がそれより少ないとGDPはマイナスになってしまう。筆者は、日本の場合は後者のケースだと考えている。

更にデジタル化が進んで経済の省力化が進むと、GDPは益々経済の実態からかけ離れ

75）中曽根内閣による軍事費一%枠撤廃：『日本の防衛政策（第二版））』田村重信著　内外出版　2016

てゆく。グーグルやフェイスブックのような無料のサービスはGDPの集計対象にはならない。物販や旅行にしてもインターネットの無料サービスもカウントされない。経済学的には、一国の経済規模を表す指標としてはGDP以外のものが必要となってきているのだ。

●米国

米国の二〇一六年度の軍事費は六千百十億ドルで、世界で断トツの第一位だ。一人当たりの軍事費支出は一千八百八十六ドル。対GDP比率は、しばらく減少傾向にあったが、九・一一事件以降は、上昇傾向に転じてリーマンショック後まで続いた。しかしオバマ政権の代に変わってからは減少へと転じた。二〇〇七~二〇一六年の九年間の軍事費の比率は先進国で唯一のマイナス四・八%であった。今後は一転して上昇傾向が続くことだろう。

トランプ政権が二〇一七年五月二三日に議会に提出した二〇一八会計年度（一九一七年一〇月~一八年九月）の予算では、国防費は前年度比十%増の**五千七百四十億ドル**（約六十五兆円）であった。それに対して下院は七月二七日に国防予算を大幅に増額して**六千五百八十一億ドル**とすることを承認した。賛成は二百三十五票、反対は百九十二票だった。

ところが九月一八日に上院（議長はペンス副大統領が兼務）を通過したのはなんとトランプ大統領が要求した額をはるかに上回る**七千億ドル**であった。それも賛成八十九票対反対八票という大差であった。内訳として国防総省の兵器調達（ミサイル防衛強化には八十五億ドル）や軍兵士への給与支払いなど主要な活動に約六千四百億ドルが、アフガニスタン、イラク、シリアなどの紛争には約六千億ドルが、それぞれ割り当てられた。

今後は、上下両院が協議して一本化する作業が行われる。上院民主党は非防衛プログラムの支出上限が緩和されなければ、軍事費の大幅な拡大を認めないと主張しているため、今後の審議では支出を巡る攻防が予想される。議会を通過した法案は、大統領の署名を得て発効するが、もし年度初めの一〇月一日を過ぎても歳出法案が立法化されない場合には議会は当面の経費を賄う継続予算を採択することになる。

トランプ政権は、国防費の大幅増額分を賄う為に、国務省およびその他の連邦政府機関の予算を削減し、更に低所得者向け公的医療保険の適用資格の厳格化、医療保険制度改革（オバマケア）などの撤廃などを前提に、十年間で総額三兆五千六百億ドル（約三百九十五兆円）の歳出減計画を提示した。強気ではあるが、実現には幾多の困難さが伴うと見られている。

米国には、陸軍、海軍、空軍、海兵隊、及び必要に応じて行政部門から軍隊に転入される沿岸警備隊がある。このうち陸海空軍及び海兵隊は六つの地域別（北米、中東、アフリカ、欧州、アジア太平洋、及び中南米。それぞれ地域別の担当司令官を配置）、三個の機能別（特殊作戦、核兵器／宇宙軍／サイバー軍、及び戦略輸送）、計九個の統合軍[76]に編制されている。

更に陸空軍については、普段から連邦政府の指揮下にある連邦軍と、州知事の指揮下にあり必要に応じて、連邦軍に編入される州兵がある。こうして、世界の四十カ国に約八百カ所もの基地を維持してきた。

なお、経済見通しでは、法人税の一五％への引き下げを含む減税や規制緩和などで、実質ＧＤＰ（国内総生産）伸び率は二〇一八年末の二・五％から二〇二〇年末以降は三・〇％を維持すると超強気に想定している。

●中国

中国の二〇一六年における軍事費は二千百五十二億ドルで、一人当たり軍事支出は百五十六ドルだ。全世界の一二・八％を占めており米国についで堂々の第二位だ。二〇〇七年～二〇一六年の十年間の軍事費の変化は一一八・〇％の増である。対ＧＤＰ比は一・九％で僅かなように見えるが、ＧＤＰの比率自他の伸びが著しいので軍事費の絶対額の伸びは著しい。

二〇一七年度については、中国財務省当局の発表によれば、前年度実績比七％増の二千三百億ドル超（一兆四百四十億元＝約十七兆二千億円）に上る見込である由だ。初めて国防費が一兆元を超えることになる。これは日本の約三・三倍にあたる規模だ。

76）米統合軍：Unified Combatant Commands= ＵＣＣ（旧略称ＣＯＣＯＭ）

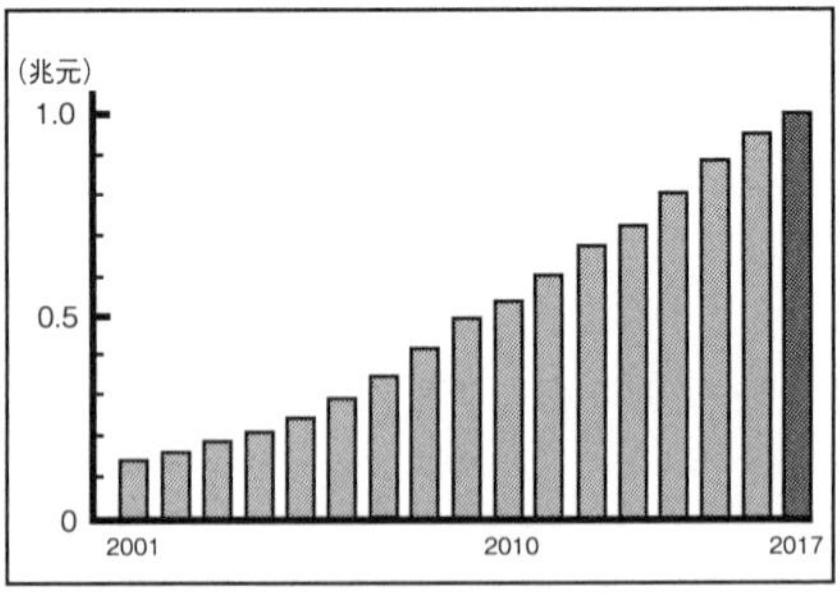

中国国防費の推移

（2016年までは中国政府発表、2017年は全人代報道官による）

李克強首相が二〇一七年三月五日に示した当年度のＧＤＰ成長率の目標は六・五％前後になる見込みだそうだ。ひところの一〇％を上回る成長率は一段落ついたように見えるが、それでも他の先進諸国がせいぜい二％前後の成長率を目指して苦闘している現状から見るとまるで別世界だ。その中で依然として国防費の伸び率は経済成長率を上回る水準となっている。

全人代報道官は国防費の伸び率を約七％前後と予測していると発表した。経済成長が徐々に減速する中であっても、国防費は高水準の伸びを維持しようとする国家の決意のあらわれであろう。

●中国の通貨発行益の活用がＧＤＰの大躍進の秘密？

通貨発行益（セイニアリッジ）を得るとは、貨幣の製造原価と額面との間の差額を利益として取得することである。近代的な通貨制度が発達するまでの封建領主などの主たる収入源は、この通貨発行益と、領民から徴収する税金と地代であった。通貨発行益とは、例えば一万円札の製造原価は約二十円位だから、額面との差額は九千九百八十円となる。ものすごく大きな金額だ。

この通貨発行益を政府の収入として確保することを目的として発行する通貨を、「**政府貨幣**[77]」と称する。政府は、これによって得た巨額の収入を財政投融資の原資として使うことができる。このシステムをうまく使うと、経済発展を非常に効果的に促進することができる。しかし反面、乱発の傾向があったので、数百パーセントというハイパー・インフレをもたらして国の経済を壊滅させてしまうおそれもあった。

中国は、〝元〟の通貨発行益を活用してあの並外れた経済発展を実現してきたことは、ほぼ確実であると筆者は見ている。さもないと経済政策とその運用だけであのGDPの驚異的な伸びを、これほど長期間にわたって続けられるわけがない。いくら農民人口と都市人口の比率を政策的に調整できるといっても、経済調整手段としては限度がある。ただし、これは筆者の推測だから根拠となるデータはない。中国政府も貨幣発行メカニズムの詳細は一切公表していない。

日本は、過去は別として政府貨幣の制度を採用していない。日銀は、通貨発行益はちゃんと確保して国家に納めていると称しているが、日銀のいう通貨発行益とは日銀が通貨発行の都度発行している国債の利息の事である。せいぜい額面の一％程度のものであ

77）政府貨幣：雑誌「エコノミスト」毎日出版　2011・7・26　『復興財源に通貨発行益を、政府紙幣は“禁じ手”ではない』青柳武彦　75～77ページ

る。それに、利息を負担しているのは元々国家なのだから、それを国家に納めていると言っても何の意味もない。

日銀は、日銀券を兌換紙幣だった時代から一貫して一種の「債務証書」と認識しているので、日銀券を発行する毎にこれを負債として計上する。だから通貨発行に伴う（製造コストと額面の差額という意味での）利益は発生しない。平成十年の日銀法改正によって、こうした会計処理をする義務は無くなったのだが、日銀は不換紙幣になった現在でも、超安全運転のつもりで裁量的にこれを踏襲している。ただしコインについては現在でも政府貨幣の扱いとなっているので、コインの通貨発行益（製造原価と額面の差という意味における）は日銀に入金されている。ただし低額コインは赤字だろう。

本当は、そんな会計処理をする必要は全くないのだ。円は法定通貨であるから、日本国政府の権威と力で円を何時でも何処でも通用せしめることができる。金を蓄えて金本位制を維持する必要はない。筆者は以前から日本も政府貨幣を発行して巨額の通貨発行益を確保して、これを防衛費、災害救助費、幼児や高齢者の生活支援、累積債務の償還などに活用すべきであると主張してきたが、なかなか実行には至っていない。

反対論者からは「インフレになる」「円の信認を毀損する」「財政規律を乱す」などの批判がある。しかし、通貨の歴史、通貨の本質論、及び経済学的な視点から検討してみても、こうした批判は当たらない。政府貨幣の欠点は、乱発によるハイパー・インフレであるが、十分に注意して運用すればその心配は全くない。

たしかに政府貨幣は使い方を誤ると経済の混乱をもたらしかねないが、軍事費、災害救助費、老人介護費用、少子化対策費用、教育環境整備、リニア（現状では約九兆円の資金はＪＲ東海が負担）などの未来型交通システムなどの、投資の回収に長期間を要する、いわゆる辛抱強い資本（Patient Capital）の分野に限定した財政支出に使えばよい。生産性が突然上昇するわけではないから生産過剰は決してもたらさないし、長期的な消費性向のアップにつながる。ただし乱発を防ぐ強力な歯止めシステムが必要である。

中国は国務院が中央銀行の役割を果たしており、共産党政府の命令のままに実行するから政府貨幣制でも何でもできる。中国政府としては、〝元〟の流通を増やしさえすれば、流通の増分の額を利益として懐に入れることができるから、これを原資として景気拡大の為の財政投融資をじゃんじゃんやることができる。民間が投資に失敗して幽霊ビルが立ち並ぶ街ができてしまっても、政府としては痛くも痒くもないのだ。

二〇一三年に発足したアジアインフラ投資銀行（ＡＩＩＢ）は、今や九十カ国にも及ぶ参加を得て益々発展の構えである。しかし、中国の真の目的は、アジア諸国のインフラ整備の支援などではなく、〝元〟の世界における流通を拡大して通貨発行益を確保することにあると、筆者は睨んでいる。

　更に二〇一七年九月、突然中国は仮想通貨の使用禁止に踏み切った。これも、〝元〟の流通拡大による基軸通貨化を狙ってのことと思われる。これまでは、対外投資、国外資産の購入などにいちいち党の許可を受けなければならなかった窮屈な制度だったが、仮想通貨はそうした制限が関係しない自由で柔軟な資金調達や資金移動の手段であったので、今後は発展する傾向にあった。仮想通貨の使用禁止は、習近平政権として資金の流れに対する管理と監視を強化する動きの一環でもある。

　なお米国は、中央銀行の機能を担当している連邦準備銀行（ＦＲＢ）は政府機関でも何でもない。ロックフェラー、ロスチャイルド、Ｊ・Ｐ・モルガンなどの国際金融資本に牛耳られている一般の商業銀行と変わりはない。通貨発行権も持っていない。政府が持っている通貨発行権はたったの三億ドルに限定されている。一九六三年にケネディ大統領が政府貨幣を復活したが、その約半年後に暗殺されてしまったので旧に戻ってしまった。

　日本でも、明治維新前に各藩が発行した藩札の多くは、通貨発行益を目的としたものであった。しかしほとんどは乱発の結果、価値が無くなって藩経済の破たんをもたらしてしまった。

　日本では、明治維新の際に新政府は、財政支出の原資調達の為に外国からの借り入れをすることをせずに、**太政官札**という不換紙幣の政府紙幣の発行に踏みきった。実はそのアイデアを出したのは他ならぬ坂本竜馬（維新直前に暗殺されてしまった）と越前福井藩の三岡八郎[78]（後に維新政府の大蔵大臣に相当する金穀出納所取締役に就任。後の由利公正子爵）であった。太政官札は政府貨幣であったが、政府が上手に発行額と用途をコントロールしたので経済が破綻することはなかった。明治新政府はこれを財政支出に使って、西南戦争の戦費もこれで賄ったのである。

●ロシア

ロシアの二〇一六年における軍事費は六百九十二億ドルで、一人当たり軍事支出は四百八十三億ドルだ。全世界の四・一％を占めており、一応は中国についで第三位だ。とはいうものの、日本の四百六十一億ドルと、桁が違うというほど離れているというわけでもない。軍事費の総額で見る限り、**ロシアは従来考えられていた程の軍事大国ではなくなっている。**

それでも一応兵力は、現役の約八十三万人プラス予備役の五十万人、合計百三十万人を擁しているが財政的には極めて苦しい（なお、兵力は

78）坂本竜馬と三岡八郎：三岡は福井藩主の松平春嶽に抜擢されて藩政改革を進めて、藩財政を立派に立ち直らせた。五万両に上る藩札を発行し、物産総会所を設立した。そして藩札を増刷してこれを生産者に対して貸し付けることによって生産の発展を促したという実績があった。こうして福井藩は、常時五十万両にものぼる資金を保有するほどの富裕な藩に変貌した。竜馬は、かねてからこうした三岡の財政的能力を高く買っていたので、遠路はるばる越前福井を訪ずれてひそかに面会した。竜馬は三岡に新政府への参画を求め、かつ新政府の財源確保案について相互に意見を戦わせた。そして、竜馬はお手のものの政治工作と根回しを行って、明治元年（一八六八）に成立した明治維新政府の中で三岡を金穀出納所取締役（大蔵大臣に相当）に就任させてしまった。残念ながら竜馬はその前年の慶応三年（一八六七年）一一月一五日に暗殺されてしまったので、三岡“大蔵大臣”の誕生にも、太政官札の発行にも、立ち会うことはできなかった。

中国が約二百二十六万人、米国が約百三十七万人、インドが約百三十六万人だ。関心の的となっている北朝鮮は約百十万で韓国の倍近い。日本は約二十四万人）。

対GDP比は、日本の一％に比べて、五・三％とかなり頑張っていることが見て取れる。特に二〇〇七年～二〇一六年の十年間の軍事費の変化は八七％の増である。倍にはいかなかったが、これは原油価格の低迷を受けて経済財政状況が悪化したためである。しかし二〇一六年以降、原油価格は徐々に回復して来ており、二〇一七年七月には二〇一四年六月当時の約六〇％程度にまで回復したと言われている。

こうした状況から、二〇一五年のロシアの経済成長率は前年比マイナス二・八％であったのに対し、二〇一六年は前年比マイナス〇・二％、すなわち**ほぼ横ばいと言ってよい程に、大幅に改善した**。二〇一七年度もほぼ横ばいだろう。

こうした情況下なので、ロシアの軍事費は長期的には削減傾向にあるという見方[79]が出ている。プーチン大統領は、二〇一八年度の連邦予算では防衛費の若干の削減が定められていることを認めたが、ロシア軍や海軍の再装備計画には影響を与えないと主張している。

プーチンは、「来年度予算は巨額の節約を目論んでいるが、これは防衛費の縮小によるものである。だがこれは、我々の軍や海軍の再装備計画の縮小に結び付くものではない。

79）ロシア、軍事費削減へ：https://jp.sputniknews.com/russia/201708153992748/

我々は国家防衛のために必要な物資は調達して新たなプログラムを実施していく」と説明している。

●北朝鮮

北朝鮮は、二〇一七年にはミサイルの発射実験や核爆発の実験を繰り返し、東アジアと米国に大きな脅威を与え続けている。国は小さく人口も少ないが、軍事費の対GDP比は圧倒的に高く、二三・三％を記録している。兵力も約百十万人を擁している。

今日では、国家としても一人当たりの負担としても世界一軍備負担が重いと考えられている。なお、対GDP比が次いで大きいのはオマーンの一一・四％だが、北朝鮮はその二倍以上になっているから如何に突出しているかが分かる。

正確な北朝鮮のGDPも軍事費の実額も全く不明なので分析し難い。おそらく収入源は武器輸出、麻薬取引、贋金造り、その他あらゆる非合法な手段を使っていると思うが、筆者が特に注目しているのは、「**仮想通貨**」と、中国の項で述べた「**通貨発行益**」の活用だ。前者の仮想通貨については産経新聞に概略次の趣旨の記事が掲載されていた。おそらく事実であろう。

米国の専門家から（北朝鮮が）仮想通貨を使った資金調達を行っている[80]との報告が

相次いでいる。経済制裁の強化で窮地に立たされる北朝鮮がビットコイン（ＢＴＣ）に逃げ込もうとしている模様だ。北朝鮮は、韓国の少なくとも三カ所の仮想通貨取引所に仮想通貨を盗み出すことを目的としてサイバー攻撃を仕掛けているという。米マサチューセッツ州の情報セキュリティー企業、レコーデッド・フューチャーも北朝鮮がＢＴＣの採掘を始めていると指摘した。（採掘とは取引に伴う膨大な計算に協力してＢＴＣでの報酬を得る行為）

数十万件も被害を出した身代金要求型ウイルス「ワナ・クライ」のサイバー攻撃の折にも、北朝鮮が感染したパソコンの使用者から数万円相当のＢＴＣの支払いを略取したと見られている。ある韓国の情報セキュリティー企業は、北朝鮮が二〇一三年〜一五年に一億ウォン（約一千万円）相当のＢＴＣを盗み出したとの見方を示していた。米国のＢＴＣ関係者からは『北朝鮮が中国とのビジネス関係を通じて、ＢＴＣを現実の通貨と交換しているのではないか』との声も出ている。

以上である。

80）北朝鮮のＢＴＣで資金調達についての 2017 年 9 月 18 日の産経新聞記事の記事：米カリフォルニア州の情報セキュリティー企業、ファイア・アイのルーク・マクナマラ氏は、ブログへの投稿で北朝鮮の活動に警鐘を鳴らした。取引所の従業員にマルウエア（悪意あるソフト）に感染させるための電子メールを送りつける手口で、2016 年に金融機関へのサイバー攻撃を行った北朝鮮のグループとの関連が疑われるという。

●ＥＭＰ攻撃の脅威

昨今の北朝鮮とトランプ大統領の罵り合いを見ていると、武力衝突の血なまぐさい気配を感じる。それは、北朝鮮が盛んに米国を脅かしている四発の火星十二号によるグアム島周辺の三十〜四十キロの海域に着弾させるという脅しが、既に「ＥＭＰ攻撃」という具体的な脅威を含んでいるからだ。

ＥＭＰ攻撃とは、高さ数十キロから数百キロの高々度（高層大気圏）で核爆弾を爆発させた時に生じる電磁パルス（ＥＭＰ）による攻撃だ。核爆発により強烈なガンマ線が高層大気と相互作用し、広域にわたってコンプトン効果（Ｘ線を物体に照射したとき、散乱Ｘ線の波長が入射Ｘ線の波長より長くなる現象）を発現させて電子拡散を起こす。地磁気の影響で地球の中心に向かう電子の流れを発生させ、それが強力な磁場を生み出すのだ。

低高度の核爆発では、電磁パルスの発生は限定的だが、高々度の核爆発であれば極めて広範囲に電磁パルスが発生し、その被害も極めて広範囲に及ぶ。電子機器、電子回路に過剰な電流を流すので、電子機器、回路は破壊されたり、誤作動したりする。

例えば、上空五百キロでの核爆発は米国中の送信機器、送電システム、コンピューター、レーダーなどが一瞬にして機能不全に陥ってしまう。つまり、ＥＭＰ攻撃は、広域にあらゆる電力、通信インフラが不可逆的にダウンしていく大停電現象のブラックアウト事態を招くのだ。被害国が報復攻撃をしようとしても、何もできない可能性すらある。

これではたとえミサイルがグアム島やその近くに落ちなくても、高々度で核爆発をするとグアム島を含む極めて広範囲の地域に重大な被害が生じることを意味する。EMPの脅威の前には、北朝鮮の火星十二号が、果たしてグアムの近海に狙った通りに着弾するのかとか、あるいは間違ってグアムのアンダーソン空軍基地に着弾してしまうのではないか、などという懸念はあまり意味がないことになる。

地上の核爆発の場合のような熱線、爆風、放射線で直接死傷する人は出ないかもしれないが、まだ良くわかっていない。軽微だという説もあるし、広範囲だから被害は四百万人にも及ぶという説もある。いずれにしても、攻撃された国の被害は地上の核爆発よりもはるかに深刻かつ広範囲で、文明社会はほとんど崩壊してしまうほどだという。

もし日本上空で爆発すれば一発で全日本が麻痺して、石器時代に戻ってしまう。これを防ぐためには金属箔などでケーブルをシールドするとか、過負荷が予想される箇所に半導体の代わりの真空管を使うなどがあるが、効果は限定的である。日本も遅ればせながら対策についての研究予算を計上した。遅ればせでもしないよりは良い。

もちろん、米国はこんなことは百も承知だ。米国の映画にEMP攻撃をテーマにしたものが幾つもある。『フィフス・ウェイブ』、『エアポート二〇一三』、『マトリックス』、『ザ・デイ・

アフター』などだ。それで、北朝鮮にＥＭＰ攻撃をしかけたらどうだ、という声があがっていたそうだ。ところが、北朝鮮から先にＥＭＰ攻撃の可能性をちらつかされておどかされてしまった。北朝鮮はＥＭＰの研究開発予算が計上されたという情報だけで、ＥＭＰ技術を完成させたという情報はまだない。

おわりに

●マッカーサーの呪い

大東亜戦争においては、ルーズベルト大統領が日本を戦争に引きずり込んだ。終戦後はマッカーサーが、『永久革命の種』、すなわちＷＧＩＰを通じて日本人に呪いをかけた。本書の第一部においては、もしかしたらマッカーサーについてこき下ろし過ぎではないかと思われる読者もおられたかもしれない。しかし筆者は、日本人が自虐史観から脱却するためにはどうしても必要な過程であると思ったので、敢えて真相を暴露した次第である。

筆者自身も若いころはマッカーサーに対して、ある種の親近感と信頼の心を持っていた。それが自虐史観の原因となって、真相を見極める目を曇らせて来たことに気が付いたのは、ビジネスの世界を脱してアカデミックな研究の生活に入ってからであった。

第二部においては、マッカーサーの呪いがいまだに生きていて現在の日本に如何なる悪影響を与えているかを考察した。もちろん、七十余年もの長期間にわたってその『永久革命の種』を発芽させ、繁茂させて来た第一義的な責任は日本人にある。今こそ、日本人はその催眠術から目覚めて、民族の誇りを取り戻さなくてはいけない。

●**教育問題**

本書では、いろいろな問題点を指摘した。その中でも筆者自身が蒙った悪影響の根源について考えると、教育問題が根深かったことが分かる。是正に時間がかかるし問題が山積しているから、すぐに手を付けなければならない。

まずは教科書検定問題だろう。文部科学省には「どういう国民を育てたいのか」という哲学をまず確立して欲しい。歴史の定説に添っているかどうか、などということはどうでもよろしい。韓国の慰安婦問題は、今や世界中の関心を呼んでいる。サンフランシスコにまで慰安婦像ができるそうだ。日本は、独自の歴史認識を国際社会において主張すればよろしい。教科書にもそれを反映させるべきだ。

英国のサッチャー首相の人種偏見ぶりには辟易するが、彼女が「一九八八年教育改革法」で行った教育改革は日本でも参考にすべきだろう。

●**欠陥だらけの安保法制**

今の日本で一番深刻なのは、安全保障問題だ。政治家を含めて日本人がどれほどノー天気で平和ボケしているかは、世界に類を見ない程で、深刻な問題だ。日米安全保障条約が、あやふやな存在であるのに、それを信じ切って独立独歩の自衛体制を構築することを怠ってきた日本人の精神の堕落は、いくら嘆いても嘆ききれるものではない。

まず、日本は改憲をして至急に安保法制を作り直す必要がある。改憲は、自民党結党以来の悲願であるし、国民が自民党に期待している最大のテーマなのだ。日本の安保法制下では自衛隊は本質的には警察組織に過ぎない。原則は、「専守防衛」で、「歯止め」だらけの「ポジティブ・リスト方式」だ。まるで、戦闘に勝って防衛目的を達成することを法律で禁止しているようなものだ。本文で述べたように、捕虜になったりすると国際法上定められた人道的取り扱いをしてもらえないだろう。国際法は働かないからだ。

また、勇敢に戦って相手を傷つけたりすると日本の刑法で罰せられてしまう。こんなバカなことを止めさせて普通の国になるためには、改憲をすることが大至急に必要なのだ。自衛戦争であっても戦争であることに変わりはない。殺すか、殺されるかの血みどろのぶつかり合いなのだ。自衛隊の手足を縛る法律ではなく、自衛隊の戦力を最大限に引き出して支援する安保法制が必要なのだ。

従って、戦力も「必要最低限」などではなく「十分かつ可能な限りの最大限」でなければならないし、「専守防衛」ではなく「防衛に成功するために必要な手段は何でも採ってよい」ことにしなければならない。そのためには、どうしても改憲が不可欠なのだ。公明党は、そういう改憲には絶対反対だそうだから、同党との連立は、可及的速やかに解消する必要がある。

残念ながら多くの日本人は全くこうしたことに無頓着だ。自民党、政府、防衛省、テレビなどのマスコミも必ずしもそのことを積極的に国民に知らしめようとしてはいない。安倍首相はその例外だが、首相がその問題に触れると、「安倍首相は日本を戦争ができる国にしようとしている」などと言われて必ず支持率が落ちてしまう。まるで、日本中が自殺願望に取りつかれているとしか言えない現象が起きている。

●米国の孤立主義的傾向

気になるのは、米国で孤立主義の気運が高まりつつあるという事実だ。かつて第五代大統領ジェームズ・モンローが一八二三年頃に欧州諸国に対して、後にモンロー主義と呼ばれるようになった不干渉主義の「孤立主義」を提唱して以来、米国の外交方針のひとつの潮流として、主流か傍流かは別にして、孤立主義は常に厳然と存在してきた。

一九三七〜一九四一年にかけての日米戦争勃発前においては、米国世論は実に八五%が一国平和主義の不干渉主義だった。それで、世界平和主義のルーズベルト大統領は対独参戦の切っ掛けづくりのための権謀術策を講じた。日本に無理難題を押し付けて、日本を「窮鼠猫を噛む」

状態に追い込んで立ち上がらせ、しかも真珠湾攻撃の情報をハワイの軍当局に隠蔽して日本の卑怯な急襲と予想外の被害を故意に演出した。そしてまんまと米国民を激高せしめて開戦容認を取り付けたのだ。

オバマ大統領時代には「米国は世界の警察官ではない」演説に見られるように完全な孤立主義と不干渉主義をつらぬいた。シリアが自国民に非人道的な仕打ちをしている時でも、国会の反対を言い訳にして介入を怠った。その為に中東におけるイニシアティブを完全にロシアに握られてしまった。北朝鮮に対しても「戦略的忍耐(Strategic patience)」という「何もしない主義」を実行して、北朝鮮に核兵器や長距離ミサイルを開発する余裕を与えてしまった。

この傾向はトランプ大統領の「アメリカ・ファースト」主義により加速されていると見るべきだろう。ＴＰＰ離脱、地球温暖化対策の「パリ協定」への不参加、貿易問題における反保護主義、などは国際協調政策からの撤退を意味すると解釈される。それが真のアメリカ・ファースト主義を成功させるかどうかは、運用の理念次第だがそんなものはトランプ大統領は持ち合わせていないだろう。

新保守主義の評論家、チャールズ・クラウトハマー氏はトランプ大統領の考えを「新孤立主義」と位置付けている。しかし、そうした米国の孤立主義を喜ぶのは中国、ロシア、ＩＳらである。とりわけ中国はそれを好機として力による膨張を拡大していくだろう。米国の孤立主義は間違いなく、米国の同盟諸国に混乱を引き起こす。誰も幸せにしない。

日本は、今後とも日米同盟を強化しつづける以外の選択肢はないが、あくまでも自立した独立国同士の同盟関係であるべく、現在の「おんぶにだっこ」状態を脱却してはじめて同盟関係を許可することができるとの認識が重要であろう。

●日本人は自衛隊を尊敬して信頼せよ

『永久革命の種』の影響で、日本国民は軍隊を持つことに極めて強い罪悪感を持っている。長い間、平和ボケだったから、たとえ自衛の為であっても軍隊を持つことの必要性を切実には感じていない。『永久革命の種』が教えるところによれば、軍隊というものは社会学的にはある種の「暴力装置」であるから、何時その本性を発揮して国を亡ぼすような行為をするかもしれない、従って厳重に監視下においておく必要があるという意識が広く行き渡っている。

国会においても、野党は本来ならば敵国には絶対に知られたくないような軍事機密に属するようなこと事柄でも執拗に質問して、与党政権側が公開を拒んだりすると、やれ隠蔽だ、やれ国民の知る権利をないがしろにしている、などと言って攻撃し、それをマスコミがテレビのワイドショーなどが面白おかしく攻撃する。

自衛隊の判断と行動をとことんまで信頼して任せる国民的合意が成立していなければ、何時まで経っても日本は効果的な国防組織を持つことができないのだ。日本の安全を担保するべき安保関連法は、切れ目だらけで有事の場合にはほとんど役に立たない。歴代の政権が公明党や野党の批判反対勢力に対して妥協に妥協を重ねた結果こうなっている、いわば緊急避難の産物なのだから、早急に全廃して、日本の国民と財産、及び国土を護ることができるように「軍隊として」作り直す必要がある。

乱暴なセリフであることを承知で言うのだが、尖閣諸島が中国に占拠されたり北朝鮮のミサイルが日本に着弾したりして死傷者が出たりしないと、この国の平和ボケは治らない。それは自虐史観による平和ボケ治療のコストであるから仕方がないのかもしれないが、コストは最小限で済むように祈念するばかりだ。

●政局の混乱

安倍首相の唱える「国難突破」という掛け声の下で行われた平成二九年一〇月の衆議院抜き打ち解散による総選挙は、結局、自民党の大勝に終わった。野党はテレビで「これは党利党略による解散で、大義がない」と批判をしたが、過去の解散は全て党利党略で行われたものである。正当な民主主義の仕組みの一つであるから、大義などと少女趣味的な批判を言っても仕方がない。

出演者の芸能人や一般人がこれを言うのは仕方がないが、政治家や識者と目される学者がこれを言うのは、政治学の力学のイロハも知らないと言われても仕方がない。彼らはこの解散は自分たちの党利党略にマイナスと思うから批判するだけに他ならない。

民進党（民主党から改名）の前原代表は、安倍政権を倒すために野党勢力はあらゆるしがらみを捨てて結集すべきであると非現実的なことを言って、小池百合子都知事が作った希望の党になだれ込もうとした。しかし、小池都知事は「全部を引き受ける気持ちは**サラサラない**ので、政策が合わない方は**排除する**」と言って全面的合併を拒否した。排除された、あるいは排除されると予想された政治家は枝野代表のもとに集まって立憲民主党を作ったが、「一見民主党」ではないかと揶揄された。

小池都知事は、国政に出馬してもしなくても無責任と批判された。結局、希望の党は当選者が百名を超すかとさえ思われた当初の勢いはすっかり消え失せて、当選者はたったの五十一名、しかもその八割は民進党出身者に終わった。総選挙が予定通りの一年先になっていたら、小池新党は油断できない抵抗勢力になっていたであろうから、安倍首相の決断は正解であったといえる。

これまで民進党に投票してきた有権者たちは、アレヨアレヨとばかりにあっけにとられた形だ。しかし、民進党がモリカケ問題（「森友学園、加計学園問題）で国会を空転させているのを止められなかったツケが回ってきたというものだ。「北朝鮮問題で国際関係がキナ臭くなっている時に政治の空白を作っても良いのか」などというセリフを、モリカケ問題で政治の空白を作った張本人が言っていたのだから説得力がない。

いずれにせよ、この大混乱が戦後七十余年にわたる憲法問題を、前向きの形で解決する形で収束することを心から願って筆をおくことにする。

本書を刊行できるところまで持って行ってくださった株式会社ハート出版の日高裕明代表取締役、及び編集部で本書を担当してくださった西山世司彦氏に、心からのお礼を申し上げる。西山氏は、とかく怠惰に陥りがちな筆者を実にうまいタイミングで鼓舞激励してくれて、脱稿にまでこぎつかせてくれた。更に同氏の極めてきめ細かいかつ親切な編集の仕事ぶりは、老骨に鞭打って執筆をつづける筆者を力づけてくれるものであり、楽しく仕事をさせて頂いた。厚く御礼を申し上げる。

（完）

◆著者◆
青柳 武彦（あおやぎ たけひこ）

（元）国際大学教授、学術博士。

1934（昭和9）年、群馬県桐生市生まれ。県立桐生高等学校卒。1958年、東京大学経済学部卒業、伊藤忠商事（株）に入社。同社シドニー店食品部長、本社農産食品部長、伊藤忠システム開発（株）取締役等を歴任。1985—1997年、伊藤忠とＮＴＴの折半出資合弁会社の日本テレマティーク（株）社長、会長。1995—2006年、国際大学グローコム副所長教授、2006—2016年、同客員教授。

研究領域は、経済学、経営学、財政学、情報社会学、法律学、国際政治学、安全保障論と多岐にわたっており、社会科学のジェネラリストを自任している。

著書：『ビデテックス戦略』（インフォメーションサイエンス）、『サイバー監視社会』（電気通信振興会）、『個人情報“過”保護が日本を破壊する』（ソフトバンク新書）、『情報化時代のプライバシー研究』（ＮＴＴ出版）、『ルーズベルトは米国民を裏切り日本を戦争に引きずり込んだ』『日本人を精神的武装解除するためにアメリカがねじ曲げた日本の歴史』（弊社刊）その他多数。


カバー写真（表１）：Carl Mydans/ ゲッティ イメージズ

マッカーサーの呪い　永久革命の種
今なおアメリカの罠に嵌まったままの日本

平成 29 年 12 月 18 日　第 1 刷発行

著　者　青柳 武彦
発行者　日高 裕明
発　行　株式会社ハート出版

〒171-0014 東京都豊島区池袋 3-9-23
TEL.03（3590）6077　FAX.03（3590）6078
ハート出版ホームページ　http://www.810.co.jp

ISBN978-4-8024-0049-7　C0021

印刷：中央精版印刷株式会社

竹林はるか遠く
続・竹林はるか遠く

ヨーコ・カワシマ・ワトキンズ 著＆監訳　都竹恵子 訳
ISBN978-4-89295-921-9、978-4-89295-996-7　本体各 1500 円

大東亜戦争は日本が勝った

英国人ジャーナリスト ヘンリー・ストークスが語る「世界の中の日本」

ヘンリー・S・ストークス 著　藤田裕行 訳・構成
ISBN978-4-8024-0029-9　本体 1600 円

なぜ大東亜戦争は起きたのか？空の神兵と呼ばれた男たち

インドネシア・パレンバン落下傘部隊の記録

髙山正之　奥本 實 共著
ISBN978-4-8024-0030-5　本体 1800 円

日本が忘れ韓国が隠したがる 本当は素晴らしかった韓国の歴史

韓国人よ、自国の正しい歴史を直視せよ！

松木國俊 著
ISBN978-4-8024-0045-9　本体 1500 円

敗走千里

戦後ＧＨＱによって隠蔽された日中戦争の真実！

陳 登元 著　別院一郎 訳
ISBN978-4-8024-0039-8　本体 1800 円

朝鮮出身の帳場人が見た慰安婦の真実

文化人類学者が読み解く『慰安所日記』

崔 吉城 著
ISBN978-4-8024-0043-5　本体 1500 円